Marc A. Palmer

Guide de démarrage pour l'application de prise de notes d'Obsidian et Second Brain

Tout ce que vous devez savoir sur le logiciel Obsidian, avec plus de 70 captures d'écran comme mode d'emploi

Aperçu du contenu

Préface 6

Introduction 7

    Qu'est-ce que l'Obsidian ? 8

    Pourquoi Markdown ? 10

    Pourquoi utiliser l'application Obsidian 11

    Obsidian Sync 12

    Applications mobiles 13

Premiers pas 14

    Interface 17

        Barre d'outils 18

        Section Fichiers/dossiers 18

        Document actif 18

        Liste des liens 18

        Panneau de commande gauche (en haut à gauche) 20

        Réglages 28

        Plug-ins Core importants à utiliser dans Obsidian 36

        Comment nommer des notes avec le plug-in de noyau de préfixe de boîte à fiches dans Obsidian 40

    Raccourcis / Mise en forme de base 45

        Convertir en mode lecture 45

        Palette de commandes 45

        Créer une nouvelle note 46

        Fermer la fenêtre 46

        Passer d'une note à l'autre 46

        Créer de nouveaux liens internes 46

        Numérotation ou puces lors de la création d'une liste 46

        Pour les titres 46

        Changer la police de caractères dans Obsidian 46

        Ajouter des notes de bas de page 47

        Créer un tableau sur Obsidian 48

        Pour les textes en gras 48

- Offre 48
- Division horizontale des lignes 48
- Lien hypertexte 49
- Vue graphique 49
- Ouvre Quick Switcher (navigateur de fichiers) 49
- Basculer entre le mode édition et le mode consultation 49
- Texte barré 49
- Mettre le texte en valeur 49
- Souligner du texte 49
- Blocs de code 50
- Ajouter la liste de contrôle 50

Choix d'un thème 51

Configurer vos dossiers 52

Créer votre première note 53

Organiser ses notes 58

Pour rechercher du texte dans une note 59
- Utiliser les données de notes pour la recherche rapide 60
- Recherche de notes avec des tags 61
- Recherche d'éléments à faire 62

Styles d'Obsidian habituels 64
- Mode éditeur 64
- Mode de recherche 66
- Enregistreur propre 66
- Mode A/B 67

Édition de textes 68

Vue partagée 70
- Pourquoi une vue partagée est-elle importante ? 71

Comment importer des fichiers 72
- Importer des images 72
  - Faites glisser l'image dans l'interface de notes 72
  - Utiliser la syntaxe Markdown 73
- Importer de l'audio et des vidéos 73

  Importer des PDF 74
Graphique des connaissances 75
  Vue graphique Détails 77
  Alésage 78
  Filtre 78
  Filtres communs 79
   Recherche 79
   Toggles standard 79
   Extras globaux de Graph 80
   Extras locaux de Graph 80
   Liens externes et internes 80
   Interliens 80
   Annonce 80
   Forces 81
Utilisation de YAML dans votre application Obsidian 82
Comment intégrer des pages dans Obsidian ? 83
Interrogation et recherche 84
Liens, balises et backlinks 85
  Liens internes 85
  Liens retour 87
  Tags 89
Numérisation de documents dans Obsidian 90
  Étape 1 : Adapter la configuration 90
  Étape 2 : Enregistrer 91
  Étape 3 : Sélectionner les options de fichier 92
  Etape 4 : Prendre des notes sur le fichier PDF 93
Comment sauvegarder vos idées et vos notes dans Obsidian 94
  Sécuriser l'accès physique aux données d'Obsidian 94
  Sécuriser l'accès aux données numériques d'Obsidian 95
  Codage des données 96
   Synchronisation des notes et sécurité dans le cloud 97
  Comment sauvegarder Obsidian sur les appareils mobiles 98

    Conseils de sécurité supplémentaires 98
Bonnes pratiques 100
    Enregistrer souvent 100
    Vérification méticuleuse 100
Conclusion 101

Préface

Je suis économiste de profession. En tant que tel, je dois toujours me tenir au courant des derniers développements de l'économie. D'où mon souhait de pouvoir lire, apprendre et saisir les informations qui me parviennent chaque jour de manière utile <u>et avec une valeur ajoutée</u>.

Dans ma vie privée, je m'intéresse également à différents domaines et j'aimerais que mes notes soient sauvegardées de manière ordonnée - et je veux pouvoir travailler avec.

Beaucoup de ces informations quotidiennes que je lis font naître de nouvelles idées. J'aimerais aussi pouvoir les rassembler, les relier et les traiter. Ce n'est pas le premier livre que j'écris. Des idées antérieures ont déjà donné naissance à de nombreux ouvrages.

Je parlais de lier : C'est l'individualité géniale qu'offre Obsidian. Obsidian permet de relier de manière relativement simple des idées, des notes, des mots, etc. Ce qui est encore plus génial, c'est qu'Obsidian le fait lui-même et crée ainsi son propre réseau de pensées. Comme un cerveau.

C'est pour moi le plus grand avantage d'Obsidian. Il y en a d'autres, comme l'utilisation de Markdown, qui garantit la transmission des données dans le futur, et la possibilité de conserver les données en local en toute sécurité.

Vous découvrirez d'autres avantages au fil du livre.

Je vous souhaite beaucoup de plaisir et de succès avec mon introduction à Obsidian !

Introduction

Pour garder une vue d'ensemble des idées, il faut plus qu'un simple bloc-notes. Il faut un système qui aide à relier ces idées entre elles pour créer des pensées hautement compréhensibles et rationnelles - exactement comme le fait notre cerveau.

Heureusement, nous sommes tous à un moment de l'évolution technologique où des options technologiques sont disponibles pour relier nos idées, que ce soit en équipe ou seul. Ce concept est le moteur du développement d'Obsidian. Avec Obsidian, un système de gestion de notes flexible a été créé pour un usage privé et commercial.

Il existe actuellement de nombreux programmes de prise de notes, et vous en utilisez probablement déjà un. Vous utilisez peut-être OneNote, une application de prise de notes sur votre iPhone, une application ToDo, Evernote, Simplenote, Notion ou autre.

Alors pourquoi cela vaut-il la peine pour vous de migrer vers Obsidian (ou de commencer à le faire) ?

Ne s'agit-il pas d'une des applications habituelles pour la prise de notes ?

En quoi est-ce mieux ? Quels sont les avantages et pourquoi devriez-vous vous y intéresser ?

Comme nous le verrons dans ce livre, il existe de nombreuses caractéristiques qui distinguent clairement Obsidian des autres applications de prise de notes. Mais avant de poursuivre, nous devons d'abord comprendre ce qu'est Obsidian et ce qui la distingue.

Qu'est-ce que l'Obsidian ?

Obsidian est une application de gestion des connaissances unique et extrêmement efficace. Elle est construite comme un "deuxième cerveau", un lecteur de fichiers basé sur Markdown avec des balises, des plug-ins et des backlinks qui peuvent être liés à tous les fichiers pertinents dans un dossier ou un coffre ("coffre-fort") spécifique pour permettre aux utilisateurs d'écrire, de modifier et de relier leurs notes entre elles. Vos notes sont stockées localement et à distance (si vous le souhaitez) via iCloud, GitHub, Google Drive et autres.

Markdown est un langage d'enregistrement simple qui fonctionne indépendamment du système. Le principe est d'utiliser des caractères "normaux" pour générer des commandes. Par exemple, **gras** devient **gras** (donc le mot en gras, généré par les astérisques). Mais nous y reviendrons plus tard.

Obsidian, créé en 2020 par Erica Xu et Shida Li, réduit le risque de perte d'idées et de notes et vous préserve des problèmes de compatibilité et de la perte de données dans un avenir prévisible - et ce gratuitement.

Le programme est effectivement gratuit dans le cadre d'une utilisation personnelle !

En se rendant gratuit pour un usage personnel, Obsidian a éliminé le problème de l'expérimentation. De plus, vous n'avez pas besoin de vous connecter ou de vous inscrire à quoi que ce soit. Cela signifie que vos informations personnelles ne peuvent pas être partagées ou vendues sans votre accord.

Comme nous l'avons déjà mentionné, Obsidian utilise des fichiers Markdown au lieu des formats de notes traditionnels, ce qui présente le grand avantage de pérenniser chaque idée personnelle. Vos notes peuvent être transférées vers un autre éditeur et vous pouvez facilement les parcourir et les ouvrir en texte clair. Si vous passez de Windows à Mac ou Linux, il n'y a aucun problème.

Cette application vous permet de créer un wiki personnel, ce qui distingue Obsidian des systèmes de notes traditionnels. Cet outil puissant convient à toute une série de domaines professionnels et est un must absolu pour toute personne qui prend la gestion des connaissances au sérieux. Si vous êtes même étudiant, auteur professionnel, blogueur, designer, programmeur ou chercheur, c'est un excellent choix, car il offre une flexibilité totale et des possibilités de personnalisation des notes sans frais d'abonnement mensuel.

En tant qu'outil de prise de notes en réseau, il fonctionne selon le principe de la connexion (backlink) bidirectionnelle, ce qui rend la prise de notes incroyablement facile. La prise de notes en réseau repose sur la prémisse scientifiquement étayée selon laquelle les idées créatives naissent lorsqu'elles sont enregistrées et ont la liberté de s'exprimer librement dans un contexte en réseau.

Obsidian simule la recherche par le cerveau de liens arbitraires entre des souvenirs stockés. Cependant, lors de la création d'un concept, chaque note est traitée comme une mémoire de pensée séparée, puis reliée à d'autres pensées apparentées. Étant donné qu'Obsidian est capable de générer des liens hautement traçables, il peut vous aider à identifier des schémas dans vos notes, ce qui permet de voir facilement comment certaines de vos notes sont reliées entre elles de manière inattendue grâce à ces schémas. Vous vous êtes ainsi facilement créé un "deuxième cerveau" très efficace.

Vos notes Obsidian sont stockées localement sur votre Mac ou votre PC Windows. Peu de gens sont conscients de l'impact du stockage dans le nuage, des flux de travail basés sur des applications mobiles et de l'écosystème web, qui devient de plus en plus populaire. Et ce n'est pas une bonne chose, surtout en ce qui concerne les informations sensibles telles que les idées de concepts, les prototypes, etc.

Vous pouvez installer votre application Obsidian sur Mac, Windows et Linux en tant qu'application de bureau ou la télécharger pour l'environnement iOS ou Android.

Obsidian a actuellement une communauté d'environ 70'000 membres actifs sur Discord et 35'000 sur le forum dans le monde entier. Il est donc facile d'obtenir des réponses à toutes les questions que vous pourriez avoir. Mieux encore, vous n'êtes pas limité par la langue, puisque l'application Obsidian est traduite dans environ 22 langues et que d'autres traductions suivront bientôt. Vous pouvez ainsi créer une immense communauté de personnes partageant les mêmes idées.

Pourquoi Markdown ?

Le concept de travail Markdown permet dans Obsidian d'écrire du code de manière simple, sans quitter le contexte d'une application de prise de notes. Mais le fait qu'il s'agisse d'une application basée sur Markdown en fait-il un choix privilégié ? Pourquoi devrais-je même l'envisager ? Voici quelques-unes des raisons pour lesquelles Markdown vaut la peine d'être essayé :

- Simple et facile à utiliser
- Comble l'écart entre le codage et le texte simple
- Markdown permet de prendre rapidement des notes et d'écrire un peu de code
- Utilisez des en-têtes, des cases à cocher, des tableaux, des listes et des liens web avec une syntaxe simple.

Pourquoi utiliser l'application Obsidian

Quelles sont les autres raisons d'utiliser Obsidian ? Même si vous êtes probablement déjà convaincu, puisque vous avez acheté ce livre, j'énumère ci-dessous d'autres avantages de l'Obsidian.

- Compatibilité avec un large éventail de plates-formes
- Gratuit et immédiat
- Outil fantastique pour les écrivains, par exemple, qui doivent se concentrer sur un nombre modeste de mots.
- Ajout et affichage de fichiers, par exemple d'images, de PDF et de fichiers audio, sans problème
- Afficher les relations entre les notes et les objets dans la vue Diagramme
- Référence à la note actuelle dans d'autres notes
- Une communauté active, prête à aider à tout moment

Obsidian Sync

Obsidian propose une option Premium Sync payante et cryptée qui permet de synchroniser automatiquement les fichiers sur les appareils mobiles. Toutefois, Obsidian Sync Premium n'est pas nécessaire pour utiliser l'outil ; il s'agit de l'option la plus complète pour synchroniser les coffres-forts/coffres-forts sur les ordinateurs de bureau et les appareils mobiles. Il y a une cotisation annuelle pour l'utilisation commerciale, et un niveau "Catalyst" est également proposé aux passionnés d'Obsidian pour soutenir l'équipe et obtenir un accès anticipé aux nouvelles fonctionnalités. Cependant, vous n'aurez rien à payer si vous l'utilisez pour la prise de notes et la créativité.

Il existe d'ailleurs des alternatives de contournement gratuites si la synchronisation est importante pour vous, mais que vous ne souhaitez pas payer. Celles-ci se basent essentiellement sur le fait de sauvegarder le fichier contenant les notes, le Vault/vault (pas le programme lui-même) dans un nuage (par ex. iCloud) et d'y accéder ensuite avec les différents appareils. Vous trouverez des instructions à ce sujet sur le forum d'Obsidian.

Applications mobiles

Comme nous l'avons mentionné, Obsidian propose également des applications mobiles, disponibles pour iOS et Android, qui vous permettent d'accéder à votre système de gestion des connaissances même si vous n'avez pas accès à votre ordinateur. La version iOS fonctionne aussi bien sur l'iPhone que sur l'iPad.

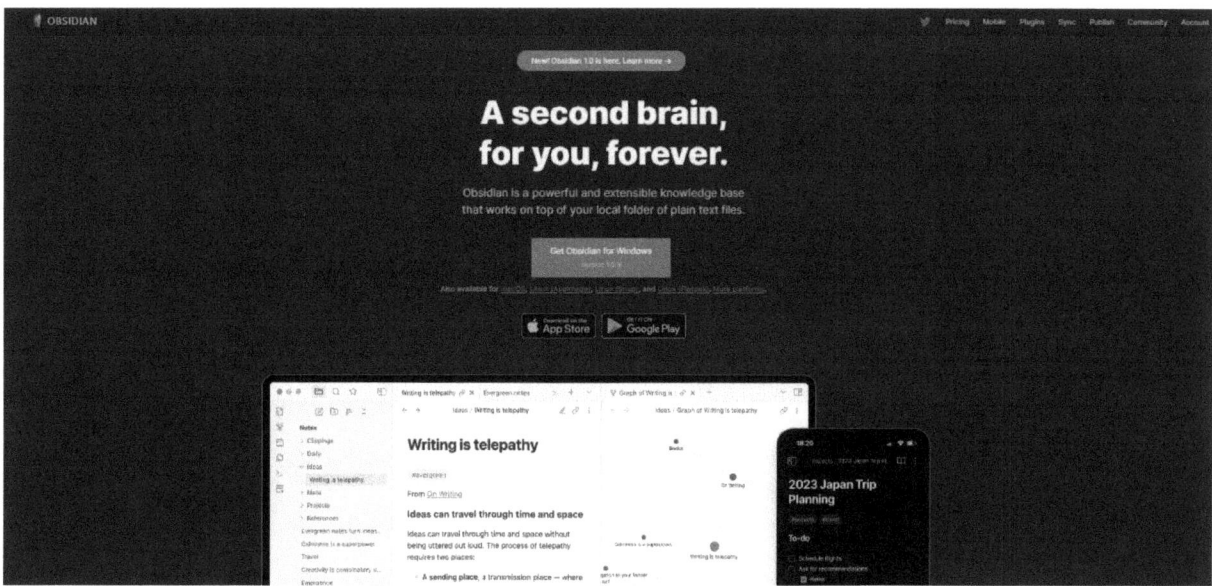

Mais la raison principale de la création de ce guide du débutant est de fournir des instructions détaillées, étape par étape, sur la manière d'utiliser Obsidian pour une productivité optimale. Maintenant que vous savez ce qu'est Obsidian et ce à quoi vous pouvez vous attendre, nous allons commencer par les bases.

Premiers pas

Même si l'utilisation d'Obsidi peut faire peur au début, ce n'est pas la science infuse et il suffit de peu d'efforts pour la comprendre. Si vous suivez les processus décrits dans ce guide, vous pourrez l'utiliser confortablement pour faciliter votre vie personnelle et professionnelle et augmenter votre productivité. Ainsi, avant d'entrer dans les détails, vous devez d'abord télécharger, installer et lancer une version compatible avec votre système d'exploitation (Windows, Linux ou Mac). Cerise sur le gâteau, vous pouvez également utiliser Obsidian sur votre téléphone portable. Rendez-vous sur le site web d'Obsidian https://obsidian.md pour télécharger et exécuter la version qui vous convient. Une fois l'installation terminée, vous verrez l'écran ci-dessous :

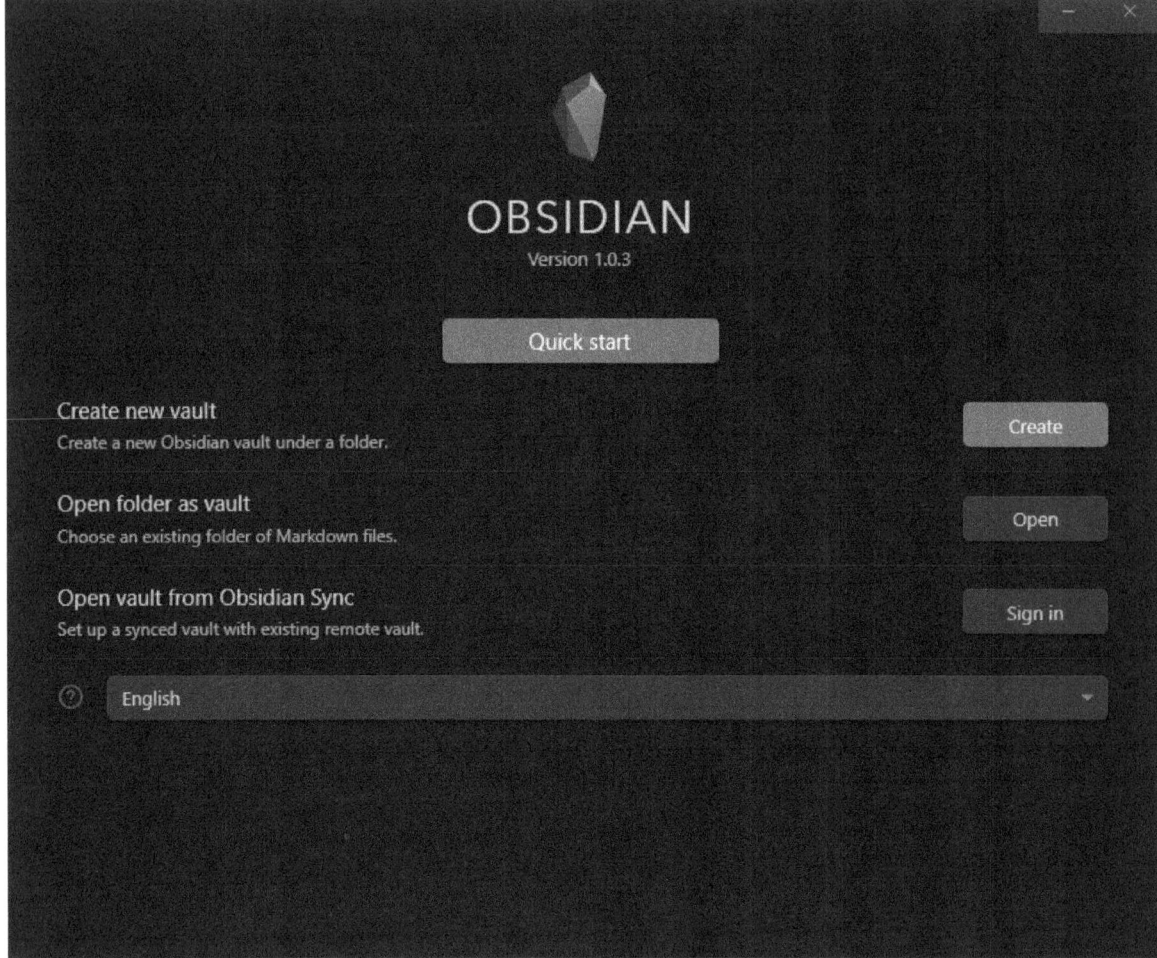

Après l'installation, vous devez créer un „coffre-fort" (en anglais "Vault"). Il s'agit d'un dossier dans lequel vos notes sont stockées dans le système de fichiers local ; il peut également être lié à **Dropbox**. Vos notes peuvent se trouver dans des coffres-forts séparés ou dans un seul coffre-fort.

Sélectionnez ensuite "Create new vault" et suivez les instructions qui vous guideront vers l'emplacement de stockage sur l'ordinateur, puis sélectionnez l'emplacement de stockage des notes.

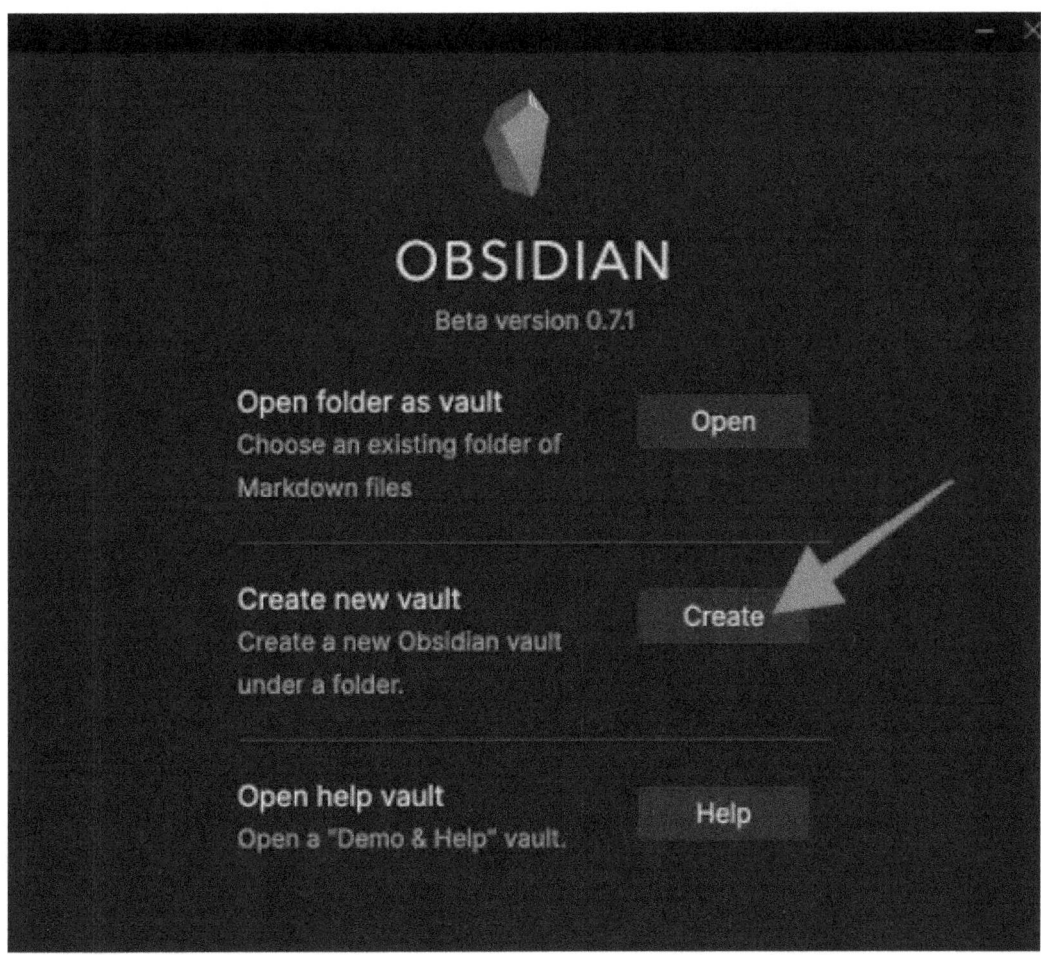

Modifiez le nom du vaul tsi vous le souhaitez, puis cliquez sur **Create**.

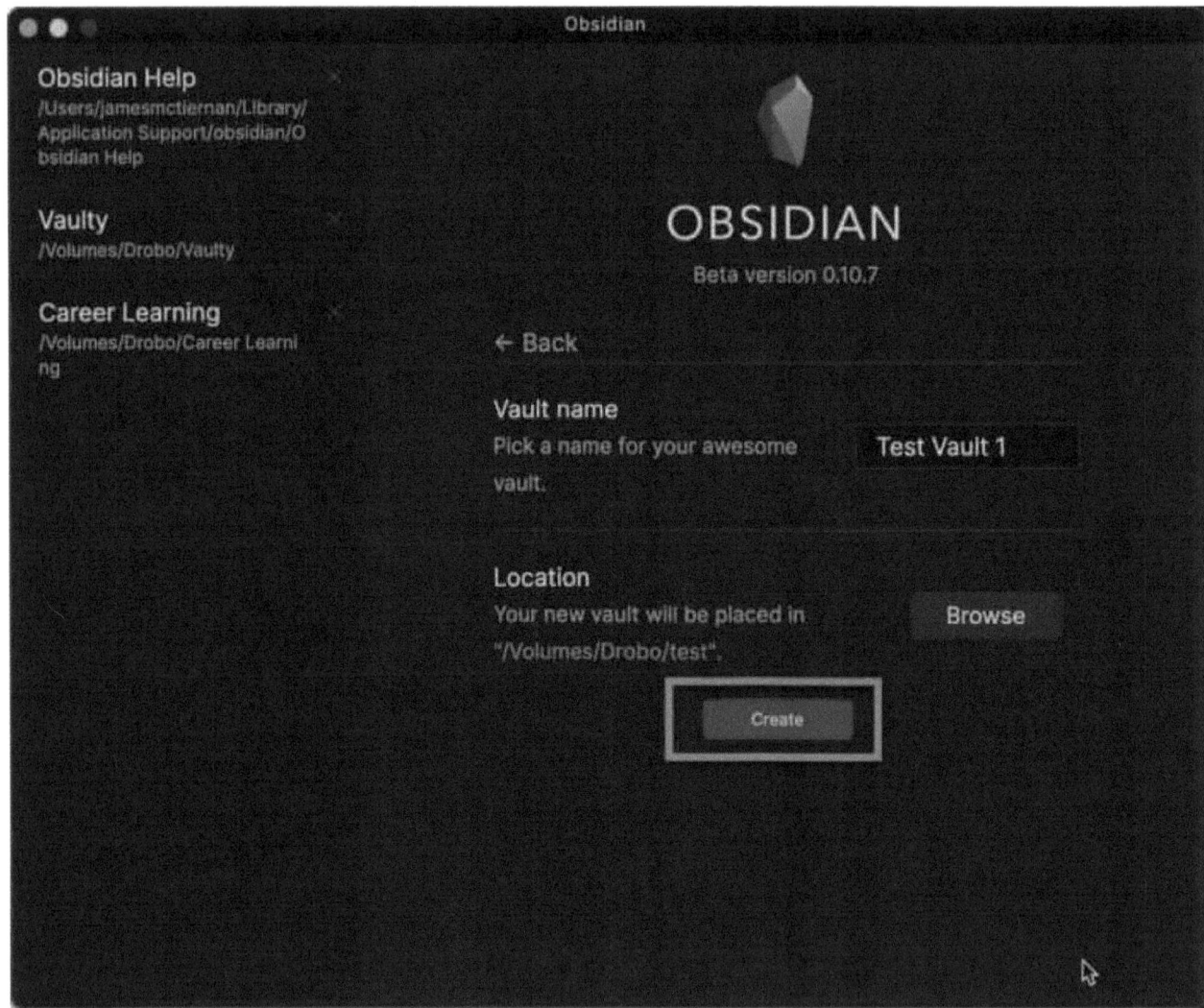

Une fois que vous avez fait cela, vous êtes prêt à partir.

Ensuite, vous devez vous familiariser avec l'interface d'Obsidian et savoir comment vous y retrouver, à quoi servent les différentes fenêtres et sections et quels sont les raccourcis clavier.

Interface

L'illustration suivante montre à quoi ressemblera votre interface Obsidian après l'installation et la création de votre vault principal ; vous pouvez commencer par là. Le panneau de gauche contient des détails sur les commandes qui vous permettront de naviguer facilement dans Obsidian. Vous y verrez les fichiers, le panneau des dossiers et la zone de création de votre première note.

L'écran d'accueil est assez clair et contient quatre sections. Ces sections contiennent les commandes de base dont vous avez besoin pour prendre des notes facilement et interagir efficacement avec l'interface utilisateur. Les boutons supplémentaires des barres d'outils sont facultatifs et seront abordés plus loin dans ce guide. Ces sections comprennent

Barre d'outils

Les outils les plus importants se trouvent à l'extrême gauche et peuvent être survolés avec le curseur de la souris pour en apprendre davantage à leur sujet. Dans cette zone se trouve également la "vue ouverte du graphique", très utile si vous avez beaucoup de notes. Nous en parlerons bientôt en détail.

Section Fichiers/dossiers

Cette partie de l'application contient les notes pertinentes prises dans l'application. Il y a également des boutons pour créer de nouveaux fichiers et dossiers. En activant certains boutons, vous pouvez déplacer des fichiers dans de nouveaux dossiers avec des syntaxes ou simplement les faire glisser et les déposer. Vous pouvez également replier les dossiers pour accéder au contenu qu'ils contiennent.

Document actif

Vous voyez ici les notes actives sur lesquelles vous travaillez actuellement. Vous pouvez toutefois créer votre première note dans cette zone vide en appuyant sur Ctrl ou Ctrl + N pour les nouveaux fichiers ou sur Ctrl ou Ctrl + O pour accéder à une note déjà enregistrée. Il s'agit des mêmes raccourcis clavier que ceux que vous connaissez peut-être déjà dans les programmes Windows.

Liste des liens

Vous pouvez voir chaque lien que vous avez créé pour le document actuel sur le côté droit de l'interface utilisateur. Vous pouvez également faire des annotations non liées (mention non liée) à la note actuelle si vous ne voulez pas oublier une idée ou un commentaire.

Vous trouverez ci-dessous une capture d'écran des différentes sections de l'interface utilisateur. Notez que la section 4 n'est visible que si vous cliquez sur le bouton **"Développer"** en haut à droite. Vous pouvez également la **réduire** en cliquant sur le même bouton :

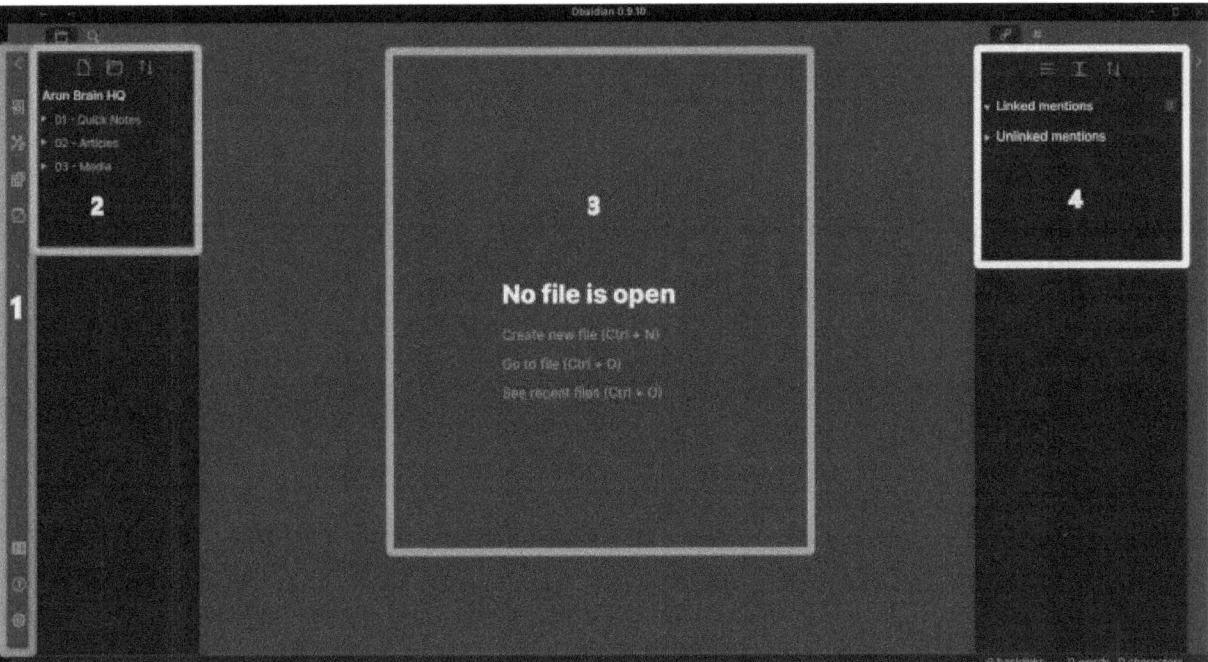

Panneau de commande gauche (en haut à gauche)

La zone la plus à gauche contient quatre icônes principales, comme le montre l'illustration ci-dessus :

Ouvrir le Quick Switcher

Dans cette zone, vous pouvez ouvrir rapidement des pages en saisissant leur nom dans la zone de texte, comme le montre l'illustration ci-dessous.

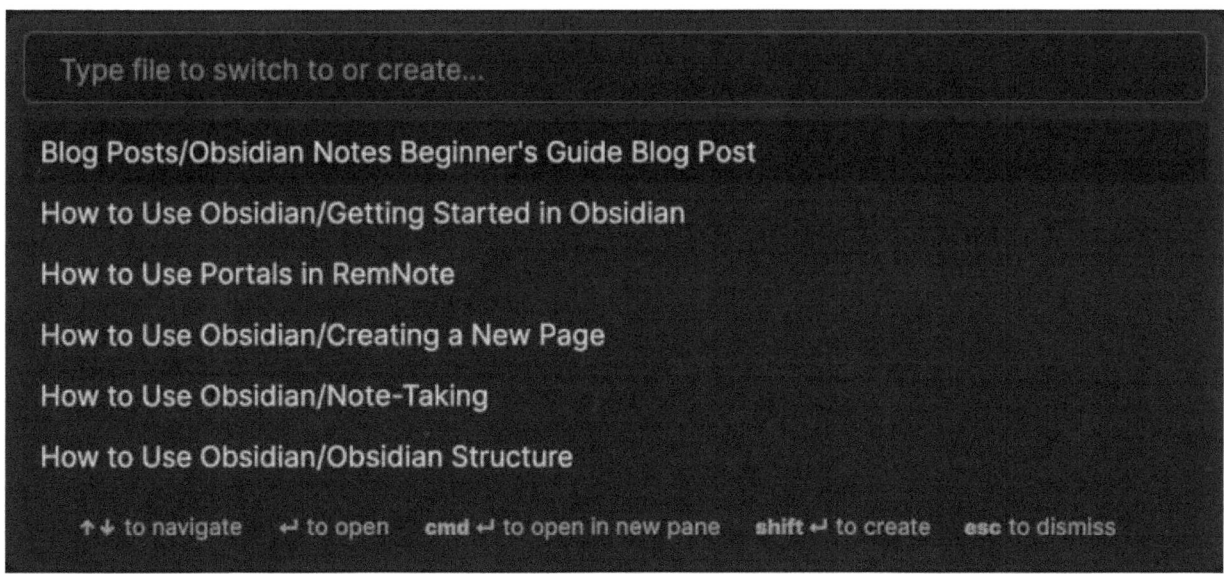

Vue Open Graph

Cela permet d'afficher un diagramme représentant les liens entre les différentes notes/pages. Nous expliquerons cela en détail plus loin dans ce manuel.

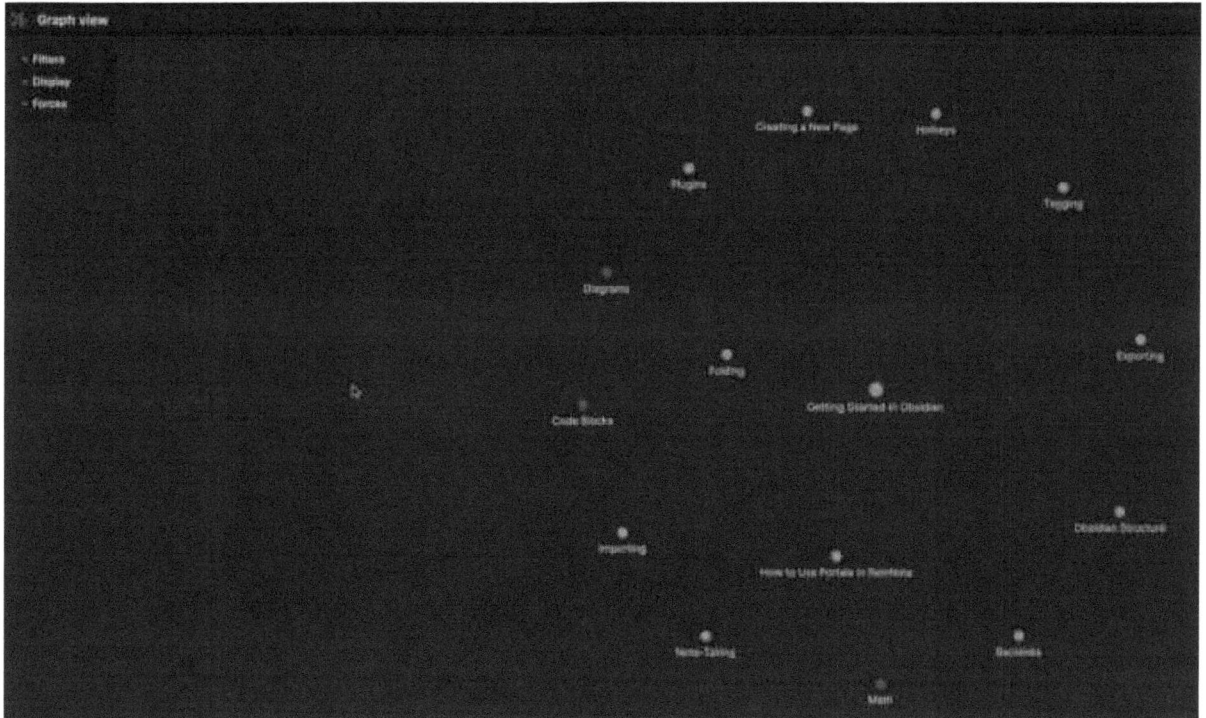

Ouvrir la note du jour

Dès que vous cliquez dessus, la section dans laquelle vous devez saisir votre note avec la date exacte s'ouvre automatiquement. Voir la capture d'écran ci-dessous :

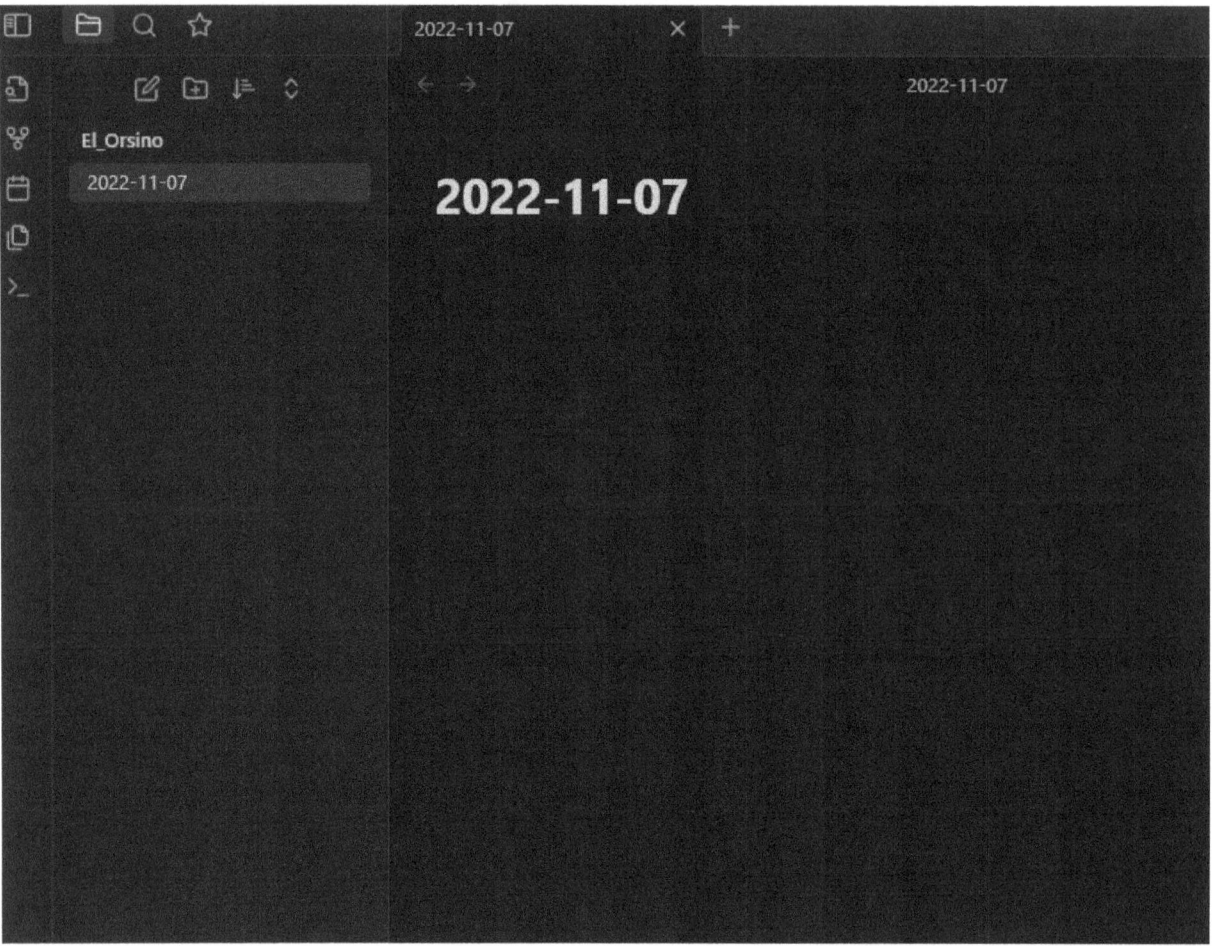

Pliage du panneau

Cette fonction permet de replier toute la fenêtre de gauche. Elle ouvre la palette de commandes dès qu'elle est déclenchée.

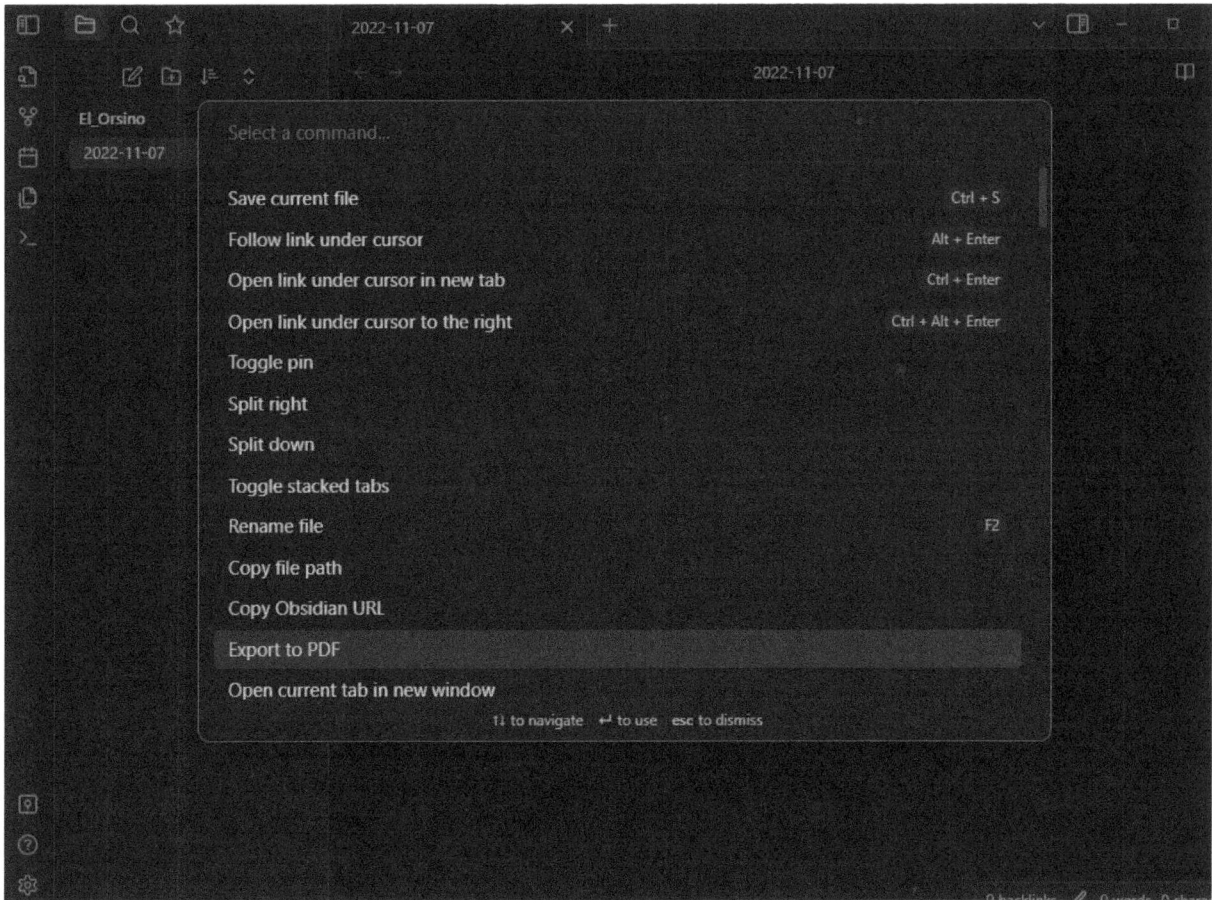

Fenêtre de gauche (en bas à gauche)

En bas à gauche de la fenêtre de gauche se trouvent trois autres boutons, comme le montre l'illustration suivante : Ouvrir un autre coffre-fort, Aide et Paramètres :

Ouvrir une autre vault

En cliquant sur ce bouton, vous pouvez accéder à un autre vault et l'ouvrir lorsqu'une fenêtre contextuelle apparaît, comme le montre la capture d'écran ci-dessous ; vous pouvez créer un nouveau vault ou ouvrir des vault existants.

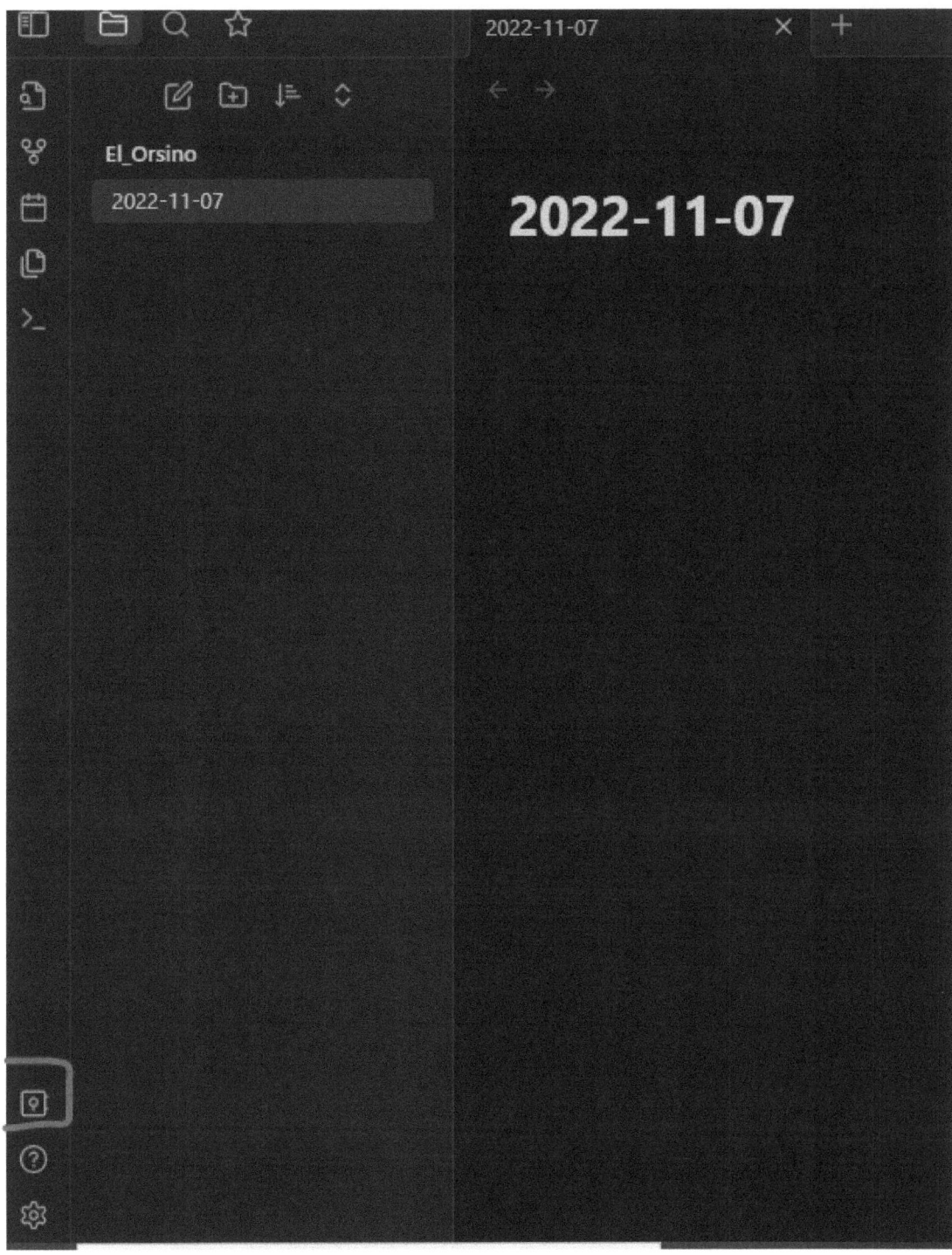

Si vous cliquez sur l'icône "Create new vault", la fenêtre suivante de création d'un nouveau vault s'ouvre.

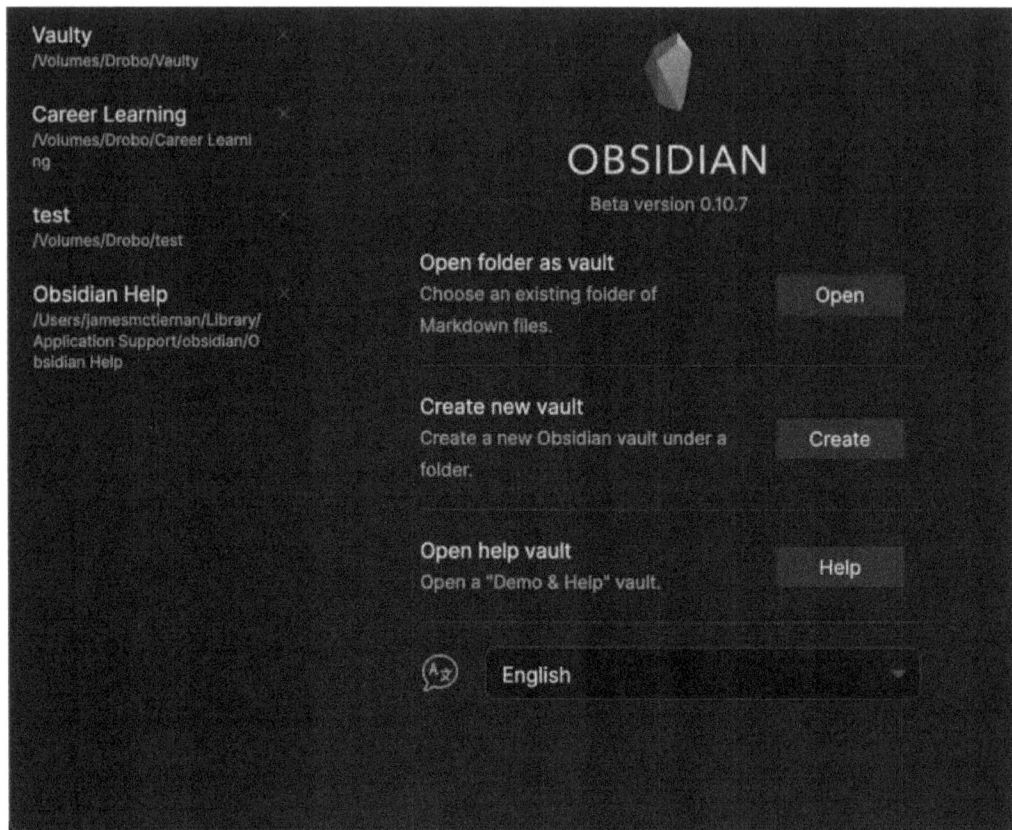

Aide

La capture d'écran ci-dessous montre comment cliquer sur le bouton d'aide, signalé par un point d'interrogation dans un cercle. Cette section vous aidera à vous familiariser avec Obsidian, car les développeurs ont soigneusement documenté toutes les fonctions et caractéristiques pour en faciliter l'utilisation.

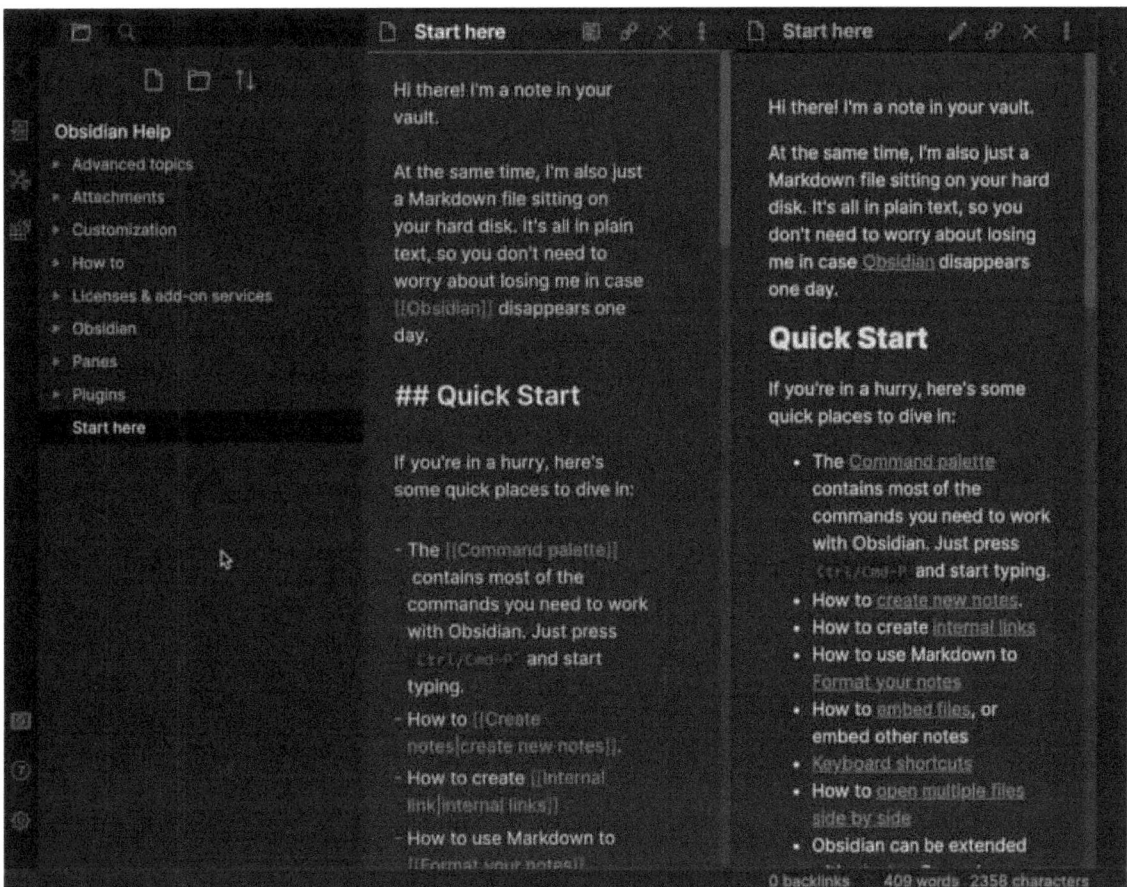

Réglages

Le bouton "Options" permet d'effectuer de nombreux réglages, tels que la configuration des touches de raccourci, la conversion de HTML en Markdown lors de l'insertion d'un thème personnalisé, l'activation des plug-ins standard et externes, la modification de l'apparence et l'activation ou la désactivation du correcteur orthographique.

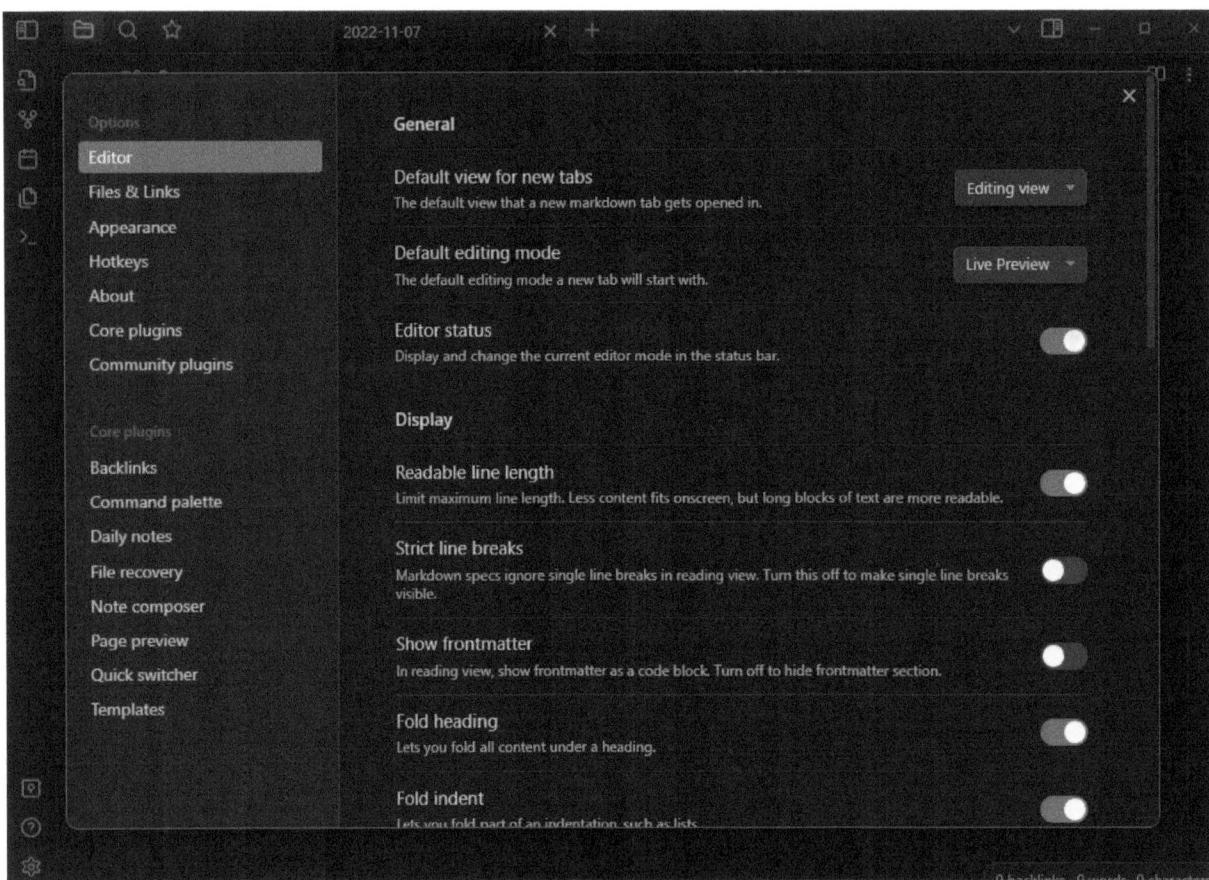

Réglages de base

Il y a quelques boutons optionnels, tandis que d'autres sont activés par défaut. Comme nous nous intéresserons principalement aux boutons coulissants dans cette section, il est préférable de suivre mon exemple pendant que nous synchronisons les fonctions principales avec l'application. Dans les paramètres, il y a surtout des sous-sections comme Éditeur, Plug-in, Fichier et liens, Apparence, Raccourcis, À propos du compte et Plug-ins tiers. Toutefois, vous trouverez ci-dessous des instructions étape par étape pour le réglage des différents boutons.

Éditeur

Captures d'écran de la configuration du sous-domaine Éditeur :

Étape 1

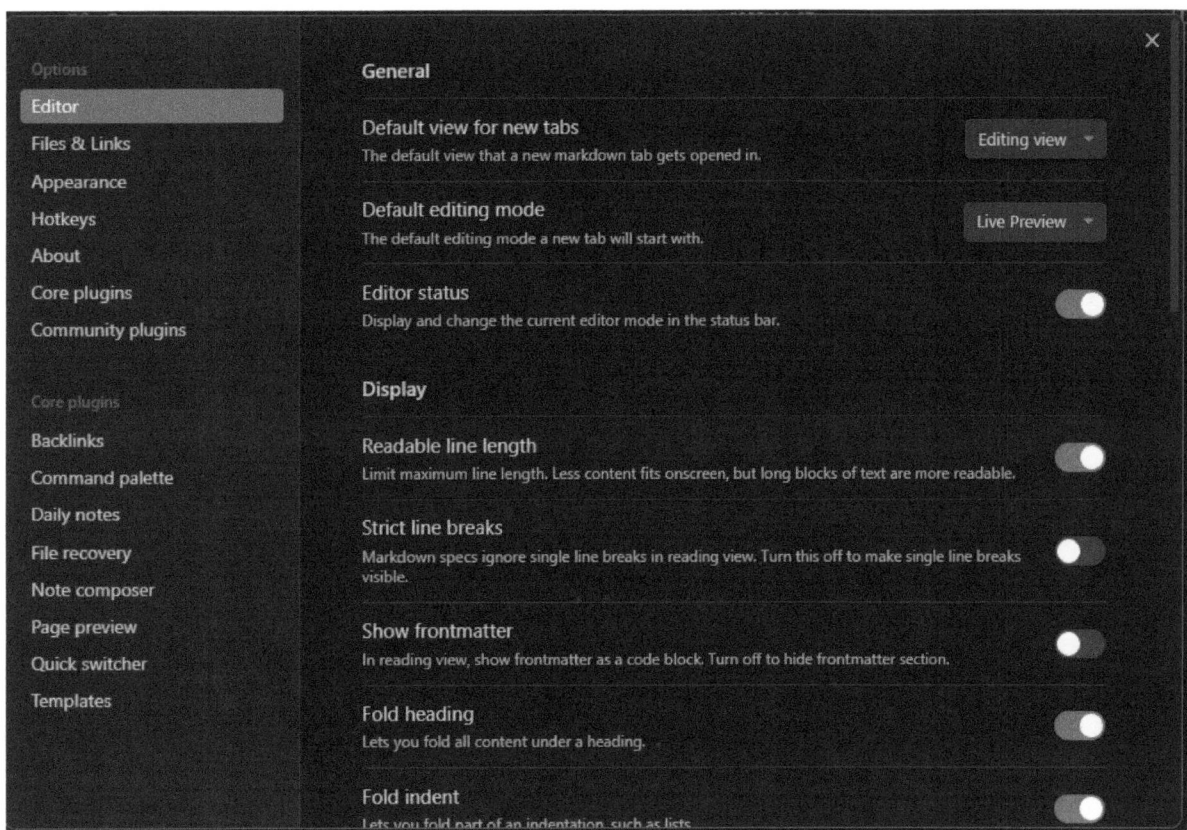

Étape 2

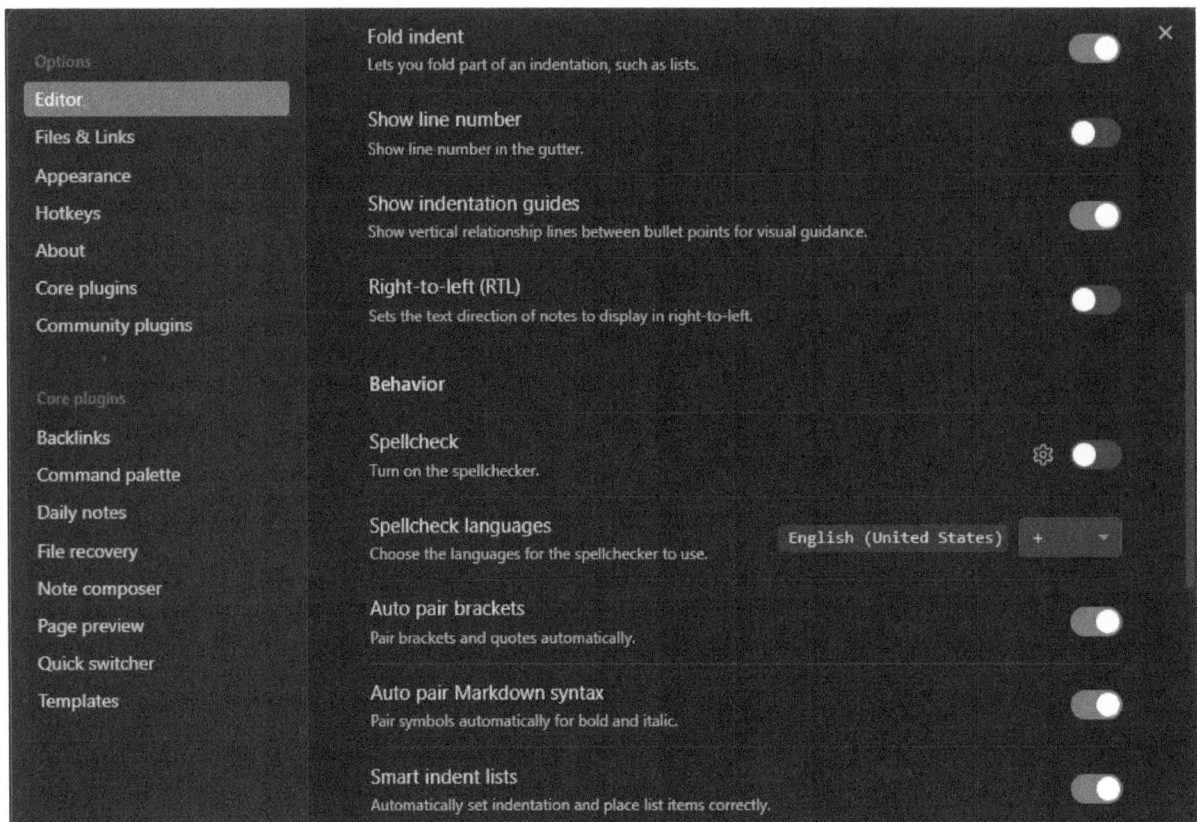

Étape 3

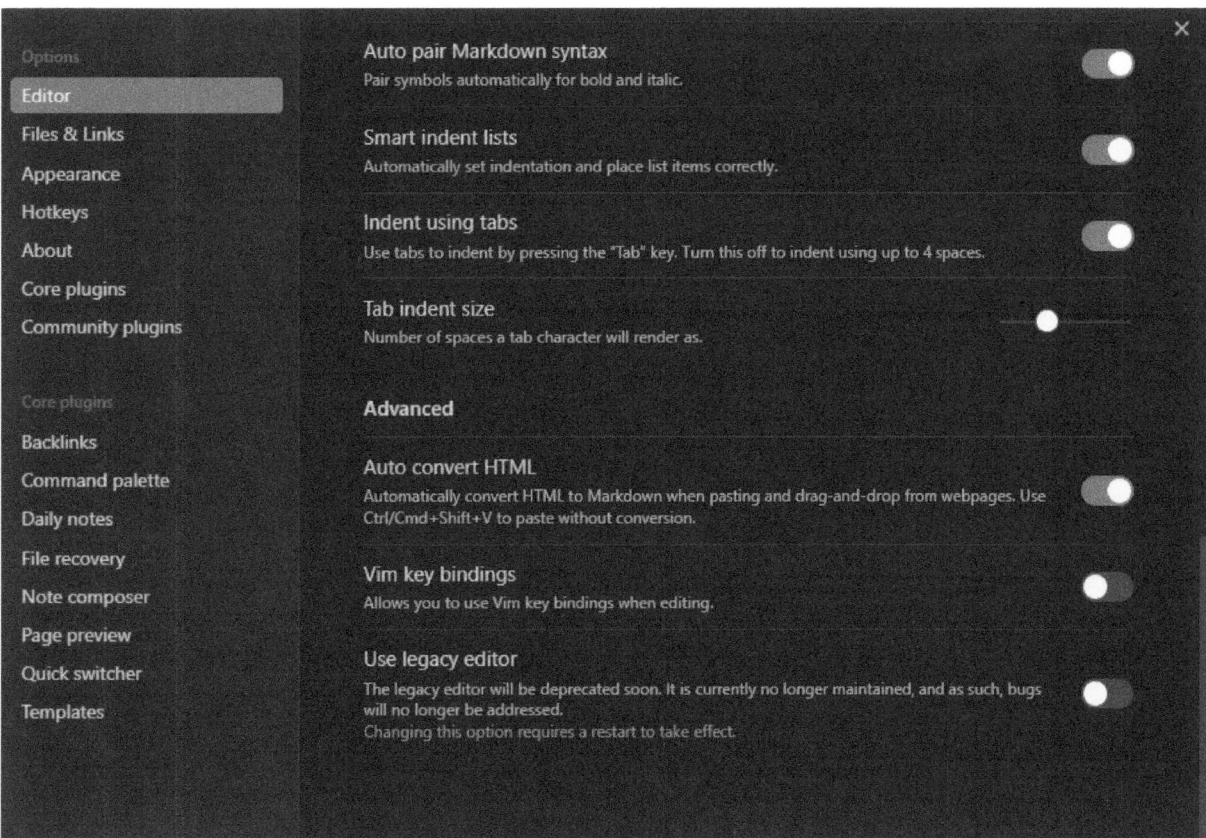

Fichier & liens

Comment configurer la sous-section "Files" ou fichiers :

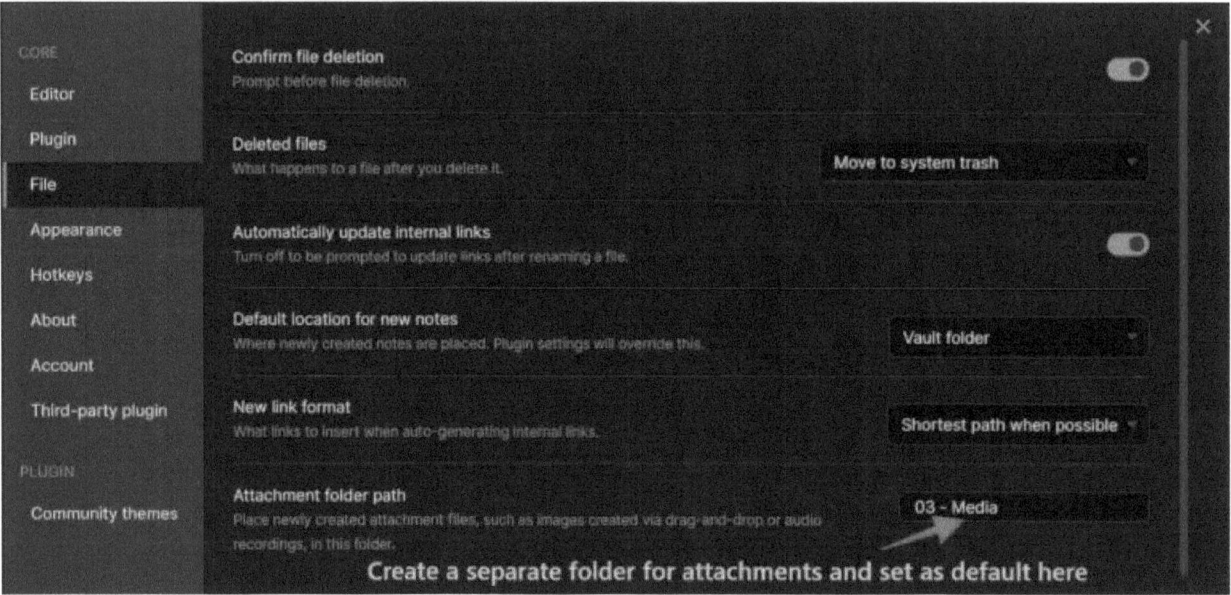

Apparence

Comment configurer la sous-section "Apparence" ?

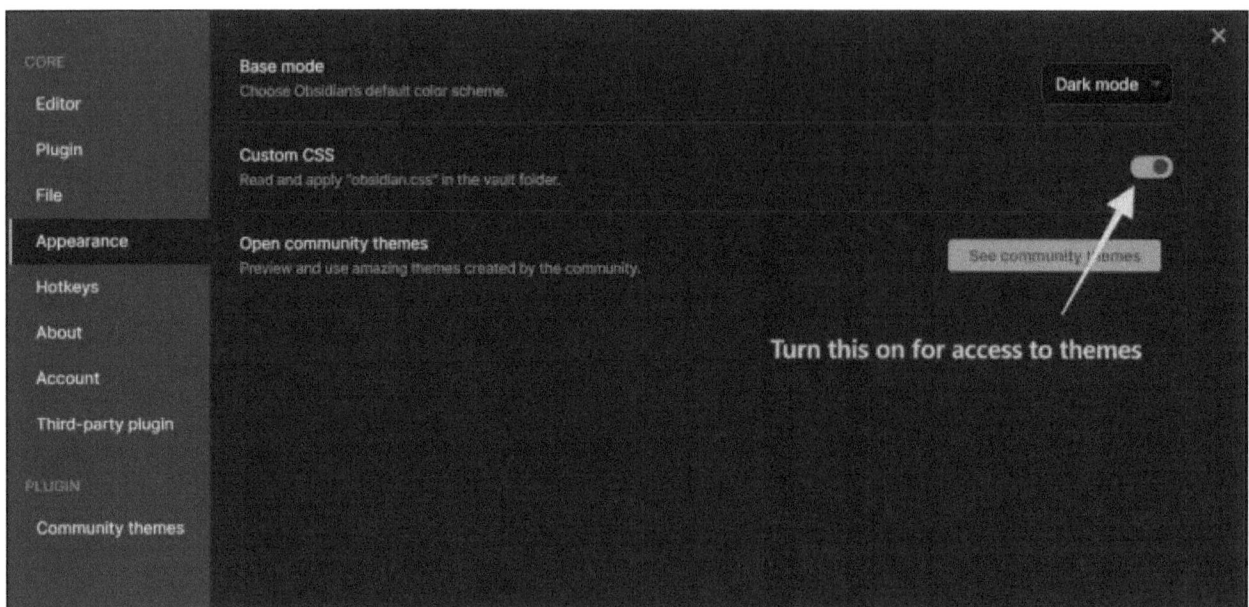

Remarque : pour les autres sous-sections, je vous suggère de les laisser sur les paramètres par défaut. Vous pouvez toutefois vous tenir au courant des derniers développements via la sous-section "À propos". Vous pouvez personnaliser l'interface de votre application Obsidian via la section Thèmes de la communauté.

Raccourcis clavier

Ici, vous pouvez attribuer des commandes aux boutons pour effectuer certaines actions. Vous trouverez de plus amples informations à ce sujet plus loin dans ce guide :

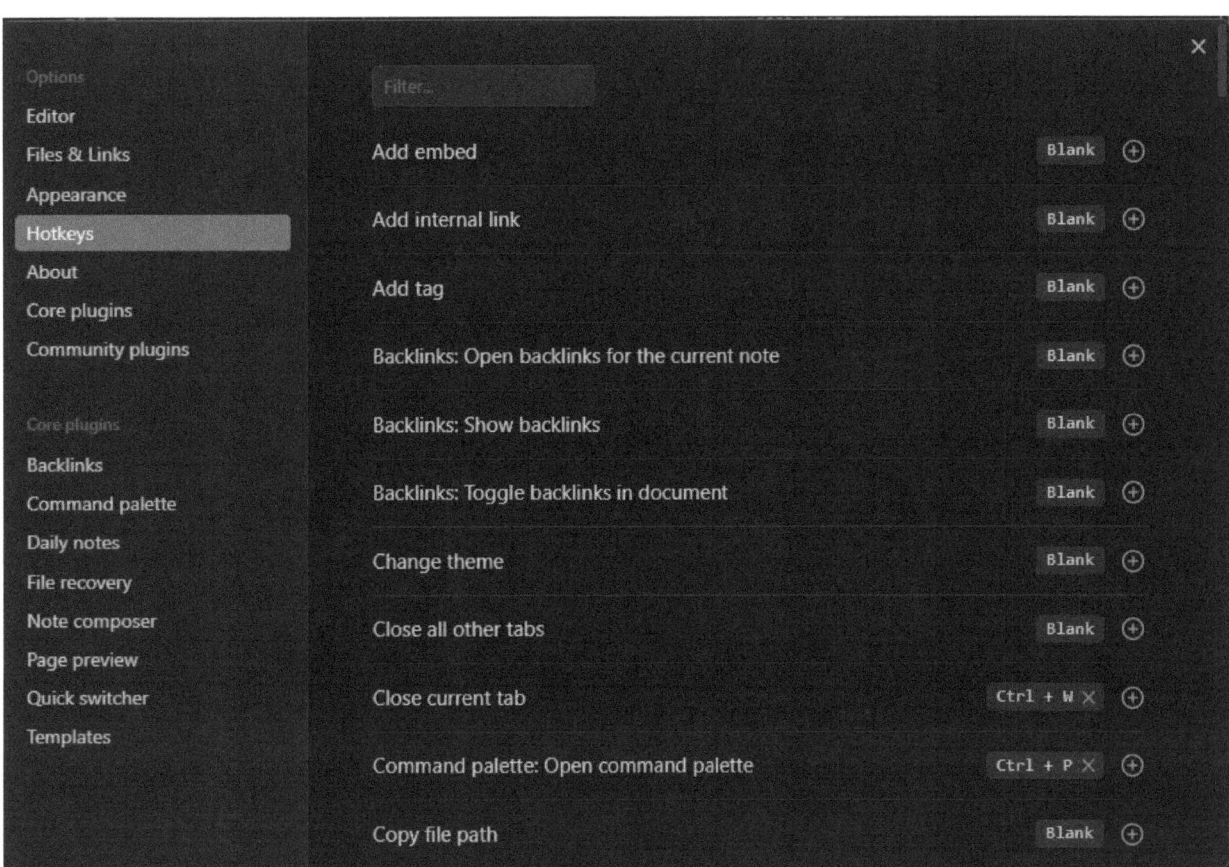

Plugin Core (noyau)

Les possibilités de personnalisation pratiquement illimitées qu'offre Obsidian jouent un rôle important dans sa popularité actuelle. Grâce aux plug-ins, vous pouvez aisément modifier l'apparence de l'interface et intégrer d'autres plateformes utiles à votre application Obsidian.

Les plug-ins sont un élément essentiel de votre réussite avec l'application, mais il est important de bien choisir les plug-ins que vous souhaitez utiliser. Comprenez leurs fonctionnalités et évaluez si vous en avez réellement besoin en fonction de vos objectifs.

Les core-plug-ins sont toutefois des plug-ins intégrés qui sont lancés comme options par défaut. Comment activer les plug-ins Core.

Étape 1 : Accéder à la section Paramètres

Étape 2 : Sélectionner le plug-in principal

Étape 3 : Choisissez votre plug-in préféré en désactivant ou en activant le curseur.

Captures d'écran montrant comment la sous-section Core Plug-in devrait être configurée :

Étape 1

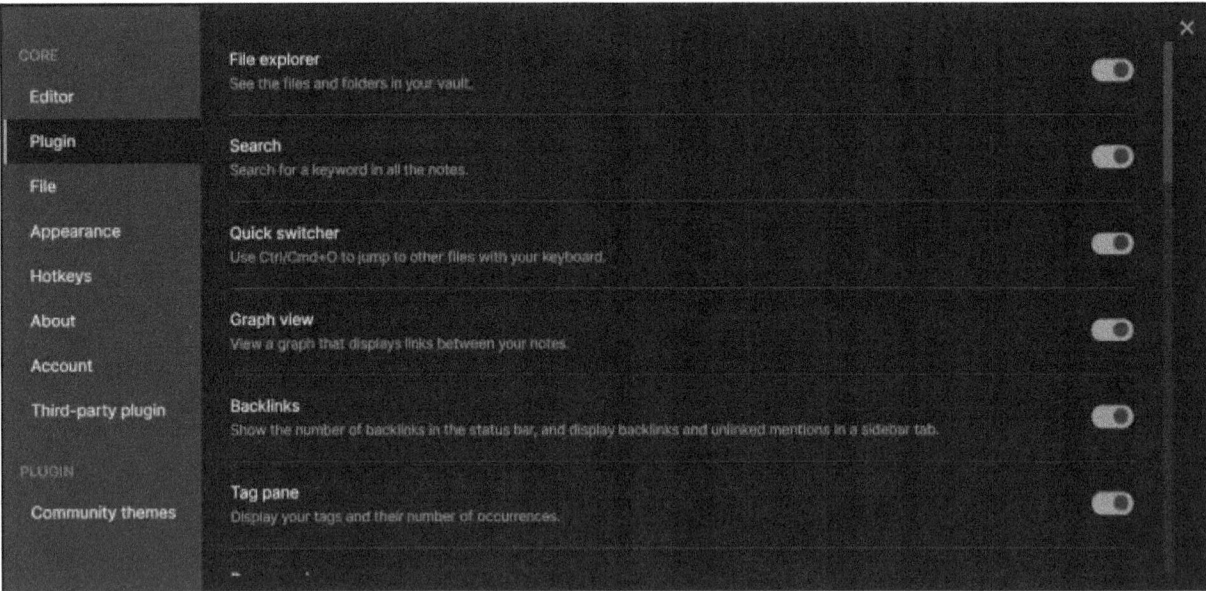

Étape 2

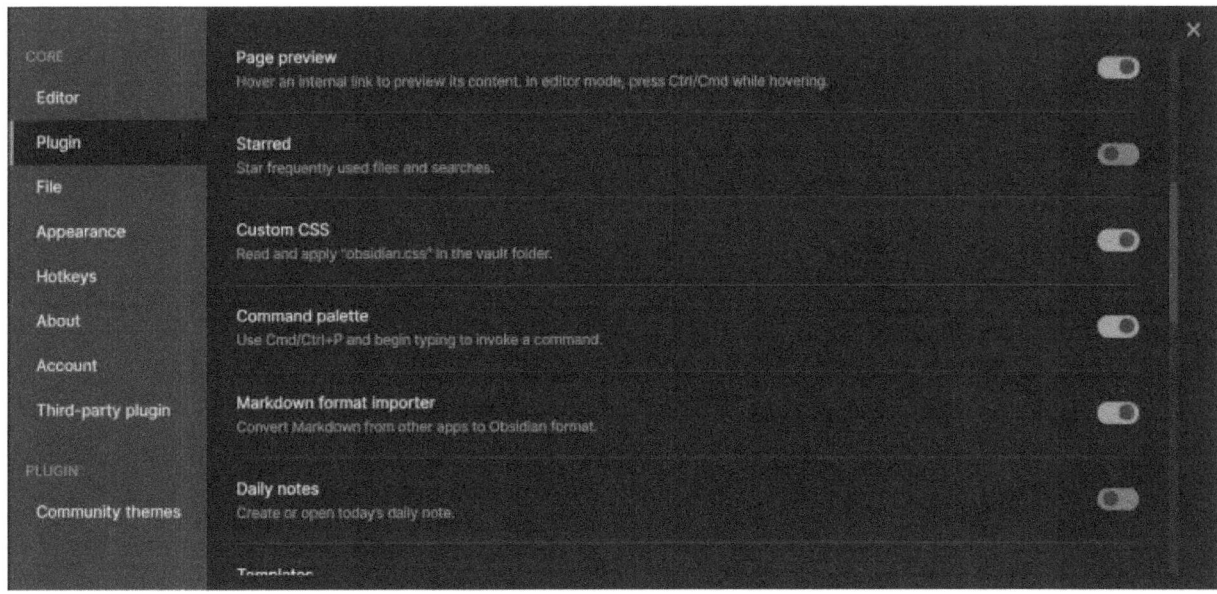

Étape 3

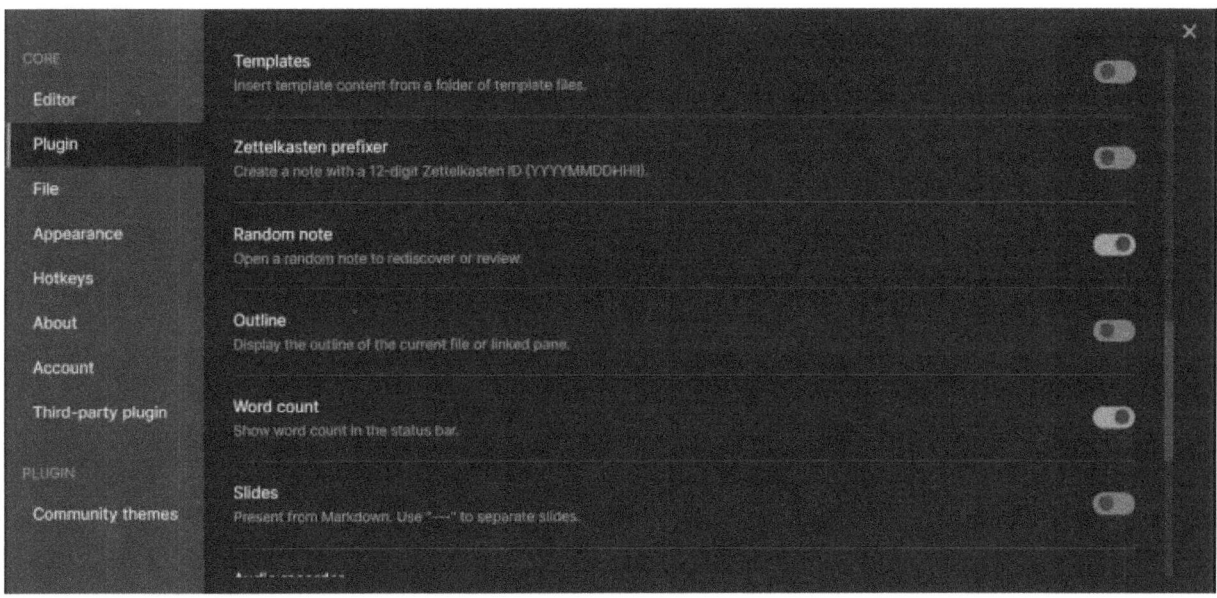

Étape 4

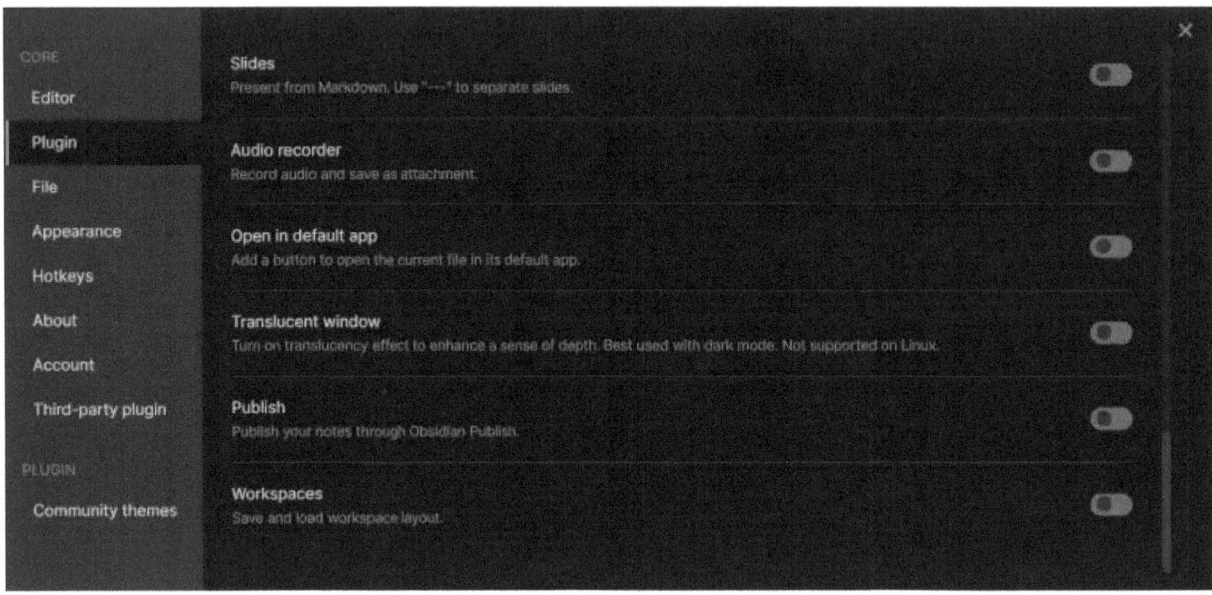

Plug-ins Core importants à utiliser dans Obsidian

Les principaux plug-ins sont intégrés dans le programme. Il existe en outre des plug-ins basés sur la communauté. Ils sont très utiles pour réduire l'utilisation des blocs-notes et le stress lié aux systèmes de prise de notes traditionnels.

Notes quotidiennes

Les notes quotidiennes sont un élément essentiel d'Obsidian, et c'est aussi un élément essentiel qui va améliorer votre utilisation efficace d'Obsidian. Les notes quotidiennes sont des notes que vous pouvez associer à un jour particulier. Ces notes disposent d'un système de nommage unique dans lequel le nom de la note est formé à partir de la date. Vous pouvez ainsi associer d'autres notes à cette date. Obsidian connaît les "backlinks" de chaque note ou toutes les autres notes de votre Vault qui y sont liées. Mieux encore, vous pouvez automatiser vos notes, ce que nous aborderons plus loin dans ce guide.

Les notes quotidiennes d'Obsidian peuvent aussi servir d'index pour beaucoup de vos autres notes. En règle générale, cela remplacera votre ligne de temps imaginaire dans un bloc-notes.

Vous pouvez activer les notes quotidiennes dans Préférences > Plug-ins du noyau.

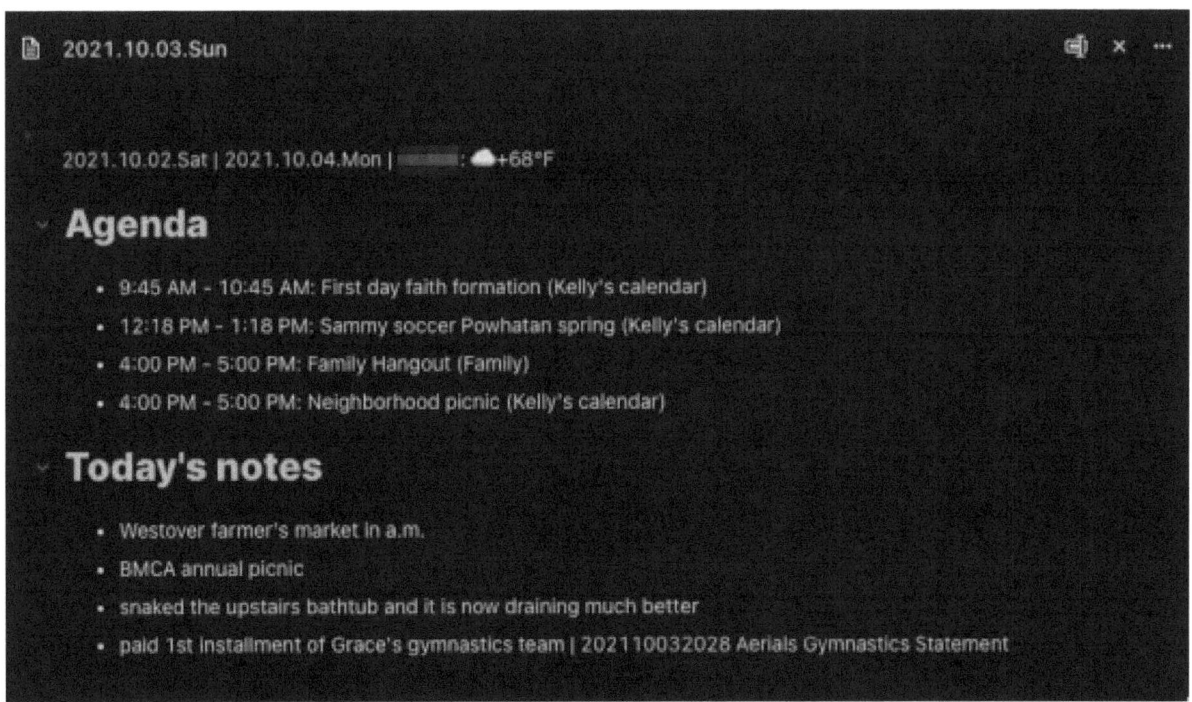

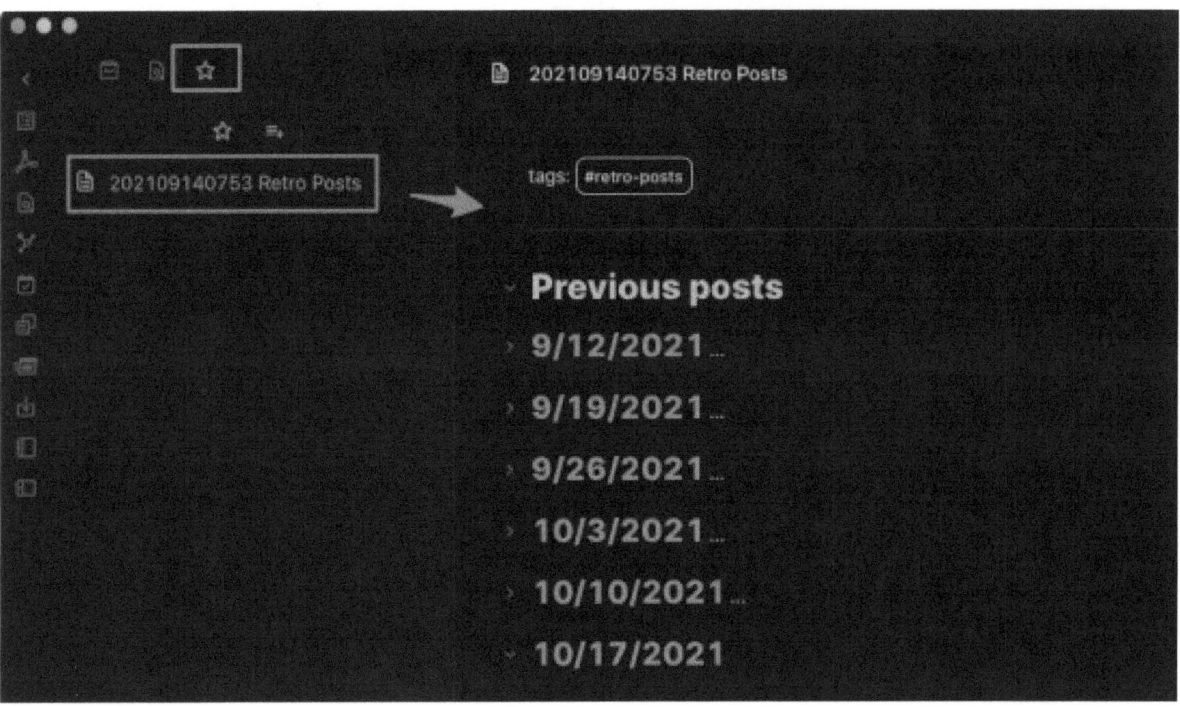

Notes avec astérisque

C'est certainement la meilleure option si vous ne voulez pas perdre de temps. Elle vous aide à accéder rapidement à davantage de notes, en particulier à celles que vous utilisez régulièrement. C'est le but des notes "marquées d'une étoile". Vous pouvez ajouter une étoile à une note après avoir activé ce plug-in principal dans le menu Paramètres > Plug-ins principaux. Lorsqu'une note est marquée d'une étoile, elle est immédiatement accessible via le panneau d'étoiles sur le côté gauche de l'écran.

Préfixe de la boîte à fiches

Ce programme a un nom à rallonge, mais il décrit un système fascinant d'organisation des notes. Vous n'avez peut-être pas besoin de l'utiliser pour toutes vos notes, mais vous pouvez vous en servir pour créer vos notes (en particulier une note de lecture). Obsidian est devenu un outil utile pour ceux qui souhaitent avoir un format de bloc-notes numérique, car il est capable de relier les notes entre elles et d'afficher clairement leurs relations.

Quoi qu'il en soit, revenons à la raison pour laquelle nous discutons de ce plug-in. Avec le préfixe de la boîte à fiches, vous pouvez faire deux choses :

1. Il vous permet de choisir un "préfixe" basé sur un format de date pour vos titres de notes. Vous pouvez utiliser des combinaisons de chiffres comme 20211011506. Il ne s'agit pas d'une analyse complexe, mais simplement d'une combinaison de la date et de l'heure de création de la note au format aaaammjj. Obsidian ajoute automatiquement le préfixe lorsque vous en utilisez un pour créer une note, et vous pouvez choisir d'en ajouter davantage au titre. Cela peut sembler peu, mais indiquer la date dans ce format est très utile. Cette illustration vous permet de rechercher facilement la date lors de la recherche de notes.
2. Vous pouvez, à votre guise, configurer un modèle pour votre note afin qu'elle contienne des données supplémentaires en plus du préfixe du titre lors de sa création. Cela peut accélérer le processus et favoriser la standardisation.

Lorsque vous ajoutez une nouvelle note, l'illustration suivante montre comment votre modèle par défaut s'affiche :

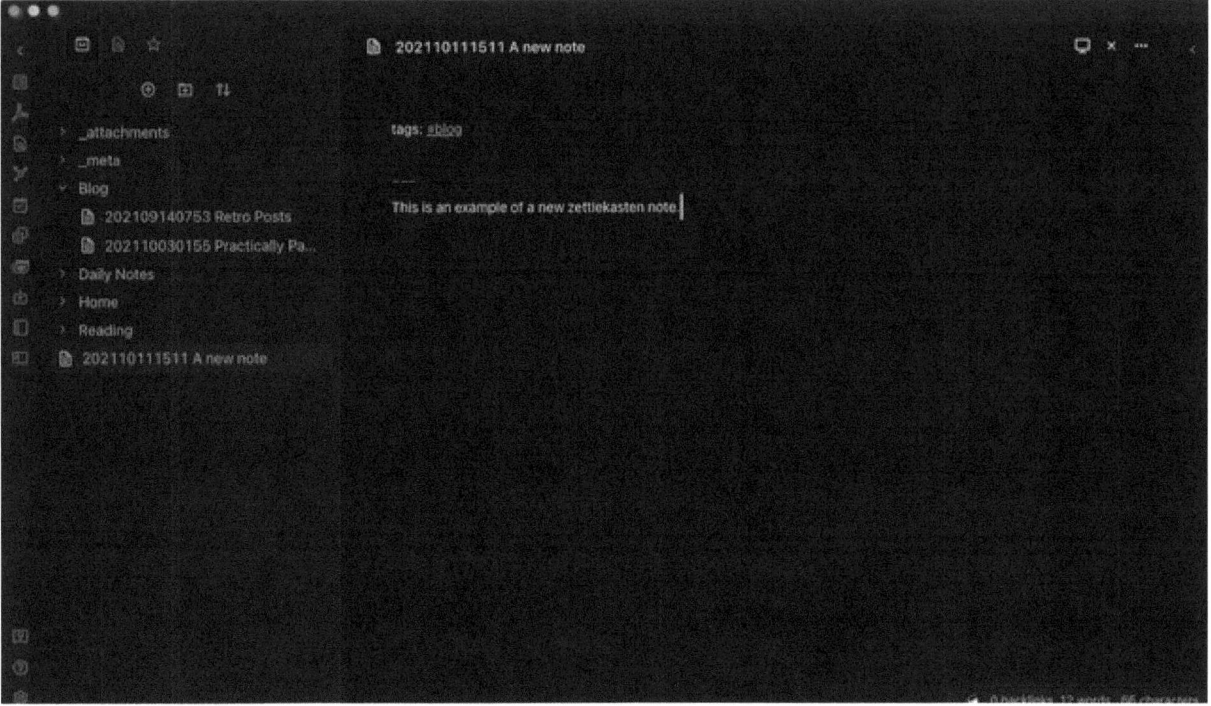

Comment nommer des notes avec le plug-in de noyau de préfixe de boîte à fiches dans Obsidian

Le préfixe est utilisé pour donner une identité propre à un titre de note. La capture d'écran ci-dessous montre un écran sur lequel le plug-in est activé. Il suffit de le rechercher, puis d'actionner le curseur pour l'activer ou le désactiver.

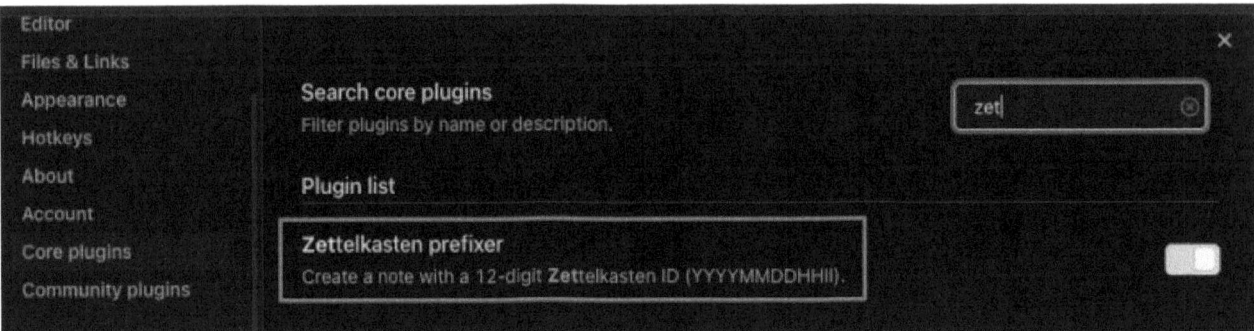

Obsidian dispose déjà de ce plug-in ; il n'est pas nécessaire de l'ajouter indépendamment via les plug-ins de la communauté. Vous devez alors configurer le préfixe "bordereau" comme indiqué ci-dessous :

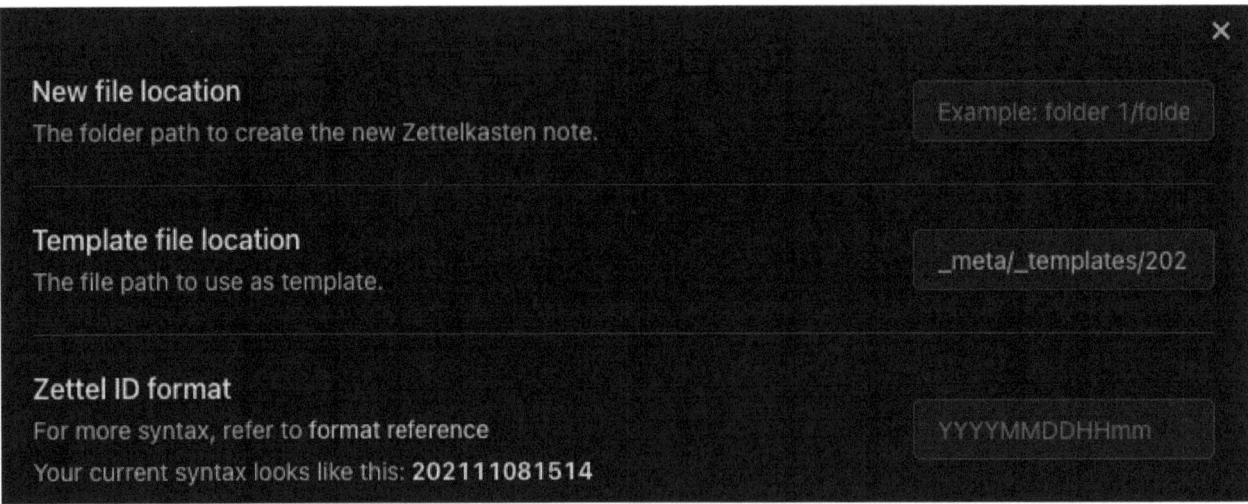

Vous devez attribuer un raccourci à ce processus, comme décrit dans la section sur la création d'un nouveau raccourci. Pour cette démonstration, nous avons utilisé Opt + Z sur Mac pour lancer le processus. Expliquons maintenant ce que fait chacune de ces sections :

- Nouvel emplacement de fichier : il s'agit de l'emplacement où vous enregistrez toutes les nouvelles notes. Cependant, comme notre démonstration est vide, nous pouvons

entrer le vault au niveau le plus élevé. Après l'avoir créé, déplacez-le manuellement par glisser-déposer.
- Emplacement du fichier modèle : Vous pouvez en créer un pour chaque note afin de vous assurer qu'elle est unique. Vous verrez ces modèles dans cette section. Les modèles sont simplement des fichiers Markdown avec les mêmes possibilités que les fichiers Markdown. Vous pouvez créer un simple fichier de modèles pour ajouter des balises.
- Format ID de bordereau : c'est ainsi que le numéro est représenté. Vous pouvez également utiliser le format AAAAMMJJHHmm.

Pour simplifier l'utilisation, vous pouvez effectuer quelques modifications simples. Il sera utile d'activer une combinaison de touches pour la création d'une nouvelle note de boîte à fiches. La fonction "Créer une nouvelle note de bordereau" est liée à la combinaison de touches indiquée ci-dessous :

Comme je l'ai déjà suggéré, utilisez la combinaison de touches Opt + Z. En appuyant sur cette touche, vous obtenez l'interface représentée dans l'illustration ci-dessous :

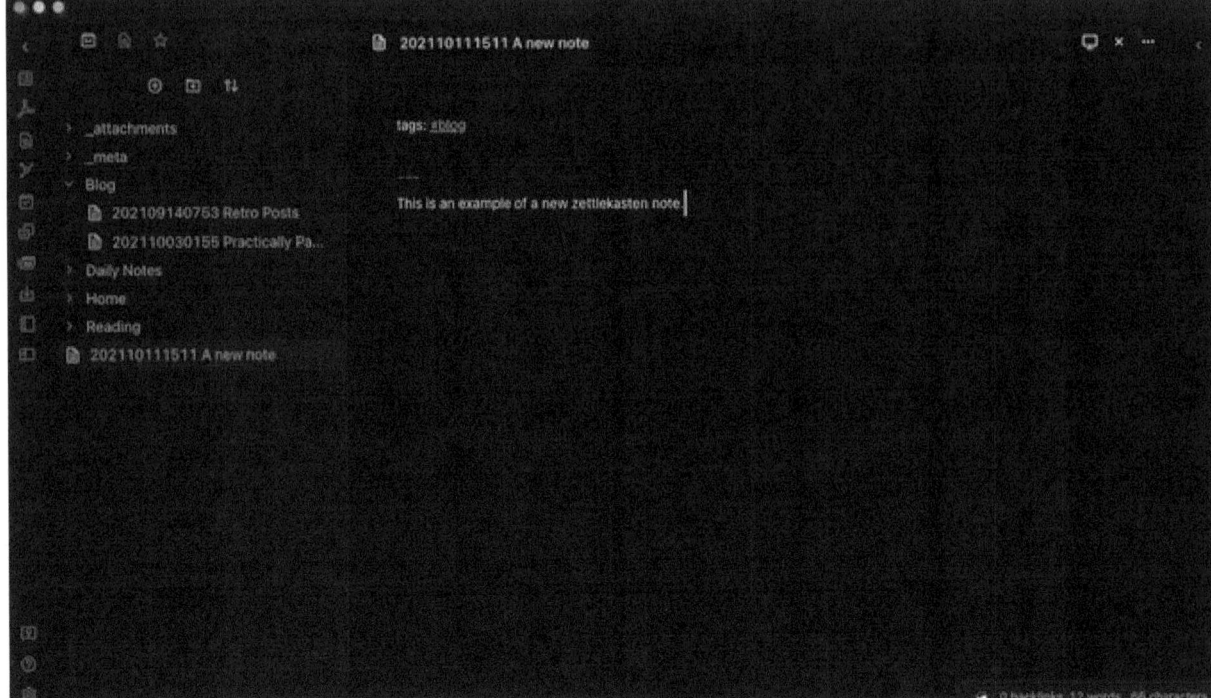

Comme beaucoup d'autres, l'utilisation d'un préfixe de fiche pour les notes est avantageuse pour une raison importante. On peut par exemple prendre des notes rapidement avec un modèle sans avoir à se soucier d'un titre complet. C'est utile pour les notes rapides que je veux prendre sans prendre trop de temps pour un titre. Et je peux toujours y revenir à l'avenir.

Peu de gens le savent, mais vous trouverez ci-dessous une approche permettant de trier les notes en fonction de la date figurant dans le titre, étant donné que le préfixe de la boîte à fiches dépend de la date et de l'heure actuelles. Supposons que nous voulions utiliser tous les fichiers que nous avons créés en octobre 2021. Nous pouvons simplement les classer en **saisissant file : 202110** et voir toutes les notes créées à cette date, comme indiqué dans la capture d'écran ci-dessous.

Pour la communauté/le plug-in tiers

Obsidian offre aux développeurs extérieurs à l'équipe de la plate-forme la possibilité de créer des plug-ins compatibles avec le système. Ces plug-ins sont classés dans la catégorie "plug-in communautaire". Cependant, ils peuvent ne pas être aussi sûrs que les plug-ins de base et vous devez en autoriser l'accès.

Pour l'activer, sélectionnez l'option "Activer le plug-in communautaire" en bas de la fenêtre contextuelle, après être allé dans Paramètres, puis dans Plug-ins communautaires pour accéder aux plug-ins communautaires.

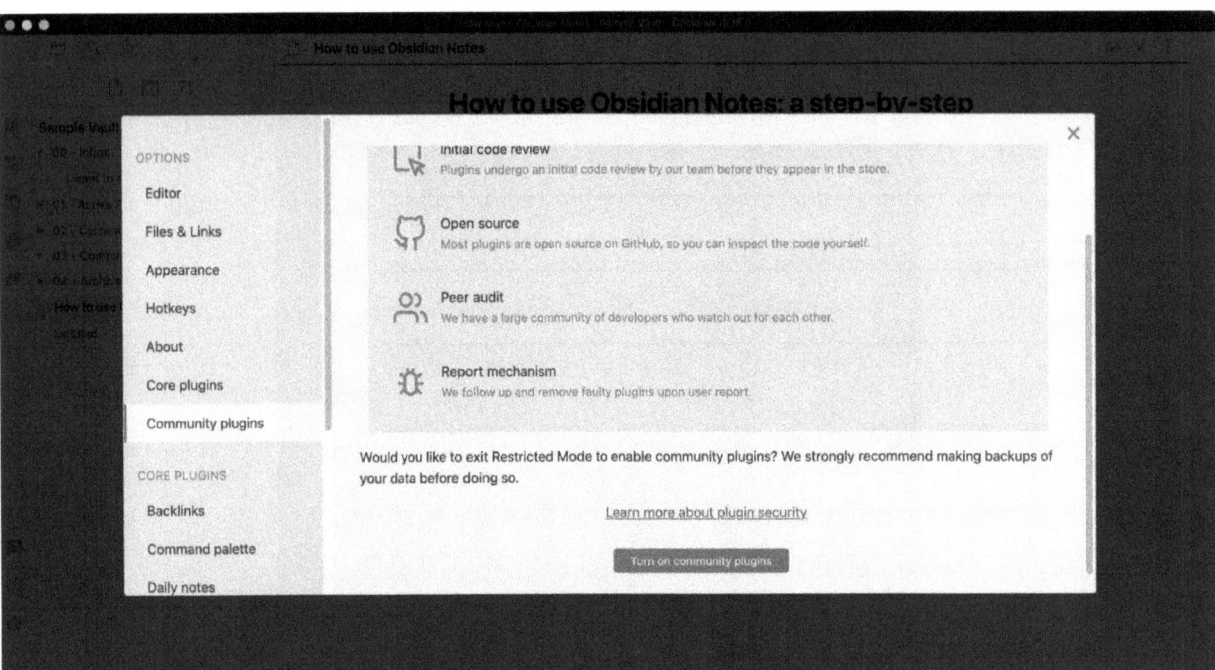

Après avoir accordé l'accès via la fenêtre d'opt-in, vous pouvez parcourir et sélectionner de nombreux plug-ins. Vous trouverez ci-dessous une liste de quelques plug-ins communautaires fréquemment utilisés :

- Tableaux avancés Obsidian : un plug-in qui aide à formater et à éditer les tableaux.
- Obsidian Souligner : plug-in qui aide à activer la combinaison de touches Ctrl ou CMD + U, qui prend en charge le soulignement de texte et insère le balisage HTML.
- Widget Calendrier Obsidian : ajoute le calendrier à votre application Obsidian
- Articulation Obsidian : aide à la gestion des listes comme dans RoamResearch
- Intégration Zotero-Obsidian : ce plug-in permet aux utilisateurs d'importer et d'insérer des bibliographies, des notes, des citations et des annotations PDF de Zotero dans leur application Obsidian.
- Plug-in Raindrop-Obsidian : Raindrop.io est une plateforme de bookmarking, et ce plug-in aide à intégrer la plateforme avec Obsidian.

Raccourcis / Mise en forme de base

Maintenant que vous connaissez les informations de base, il sera bon de vous montrer quelques-uns des raccourcis dont vous pourriez avoir besoin à long terme en utilisant l'Obsidian.

Convertir en mode lecture

Obsidian est automatiquement en mode "Aperçu en direct". Passez en "mode édition" en appuyant sur Ctrl ou CMD + P pour afficher la palette de commandes et sélectionnez "mode lecture".

Palette de commandes

La combinaison de touches Ctrl P permet d'afficher l'interface illustrée ci-dessous :

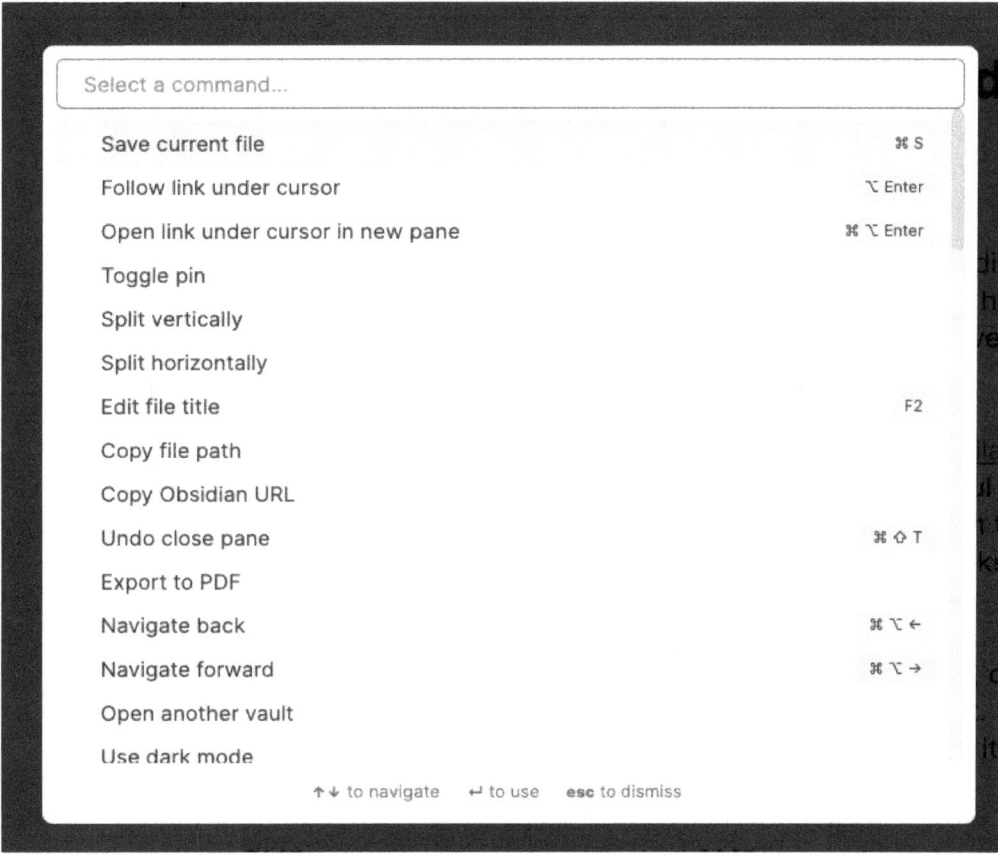

Créer une nouvelle note

Pour créer de nouvelles notes, appuyez sur Ctrl ou CMD + N.

Fermer la fenêtre

Pour fermer la fenêtre de notes, utilisez la combinaison de touches Ctrl ou CMD + W.

Passer d'une note à l'autre

Maintenez les touches Ctrl ou CMD + Alt ou OPT + Gauche/Droite enfoncées pour passer de la note précédente à la note suivante.

Créer de nouveaux liens internes

Vous pouvez créer un nouveau lien interne en appuyant **deux fois** sur le crochet "[[".

Obsidian affiche un aperçu du contenu d'un lien interne dès que le curseur de la souris passe dessus.

Numérotation ou puces lors de la création d'une liste

Appuyez sur 1. ou sur -, puis sur la barre d'espacement pour commencer une liste numérotée ou une énumération.

Pour les titres

Appuyez sur #, puis sur un espace pour l'en-tête 1 ou 2 ## pour l'en-tête 2 et procédez de la même manière pour les autres en-têtes.

Changer la police de caractères dans Obsidian

Suivez ces étapes pour sélectionner la police de votre choix dans l'application Obsidian :

Étape 1 : Sélectionner la roue dentée "Réglage".

Étape 2 : Basculer la section "Apparence".

Étape 3 : Cherchez dans le menu sous "Police". Ici, vous pouvez modifier la police de l'interface utilisateur, la police du texte et d'autres polices.

Remarque : il est possible d'ajuster la taille de la police à partir d'ici.

Ajouter des notes de bas de page

Si vous souhaitez ajouter quelque chose à vos commentaires sans modifier votre flux de travail, les notes de bas de page sont le meilleur moyen de le faire. Comme elles ne sont pas intégrées, vous devez installer le plug-in "Footnote Shortcut".

Il s'agira d'un markup.txt qui ressemblera à ceci :

Texte avec note de bas de page : [^1]

Bonjour le monde

[^1] : Note de bas de page

Pour faciliter l'activation, insérez ^[texte de la note] à la fin du texte.

De plus, cette méthode permet d'insérer des notes de bas de page directement dans le texte :

Ce texte est un exemple. Le texte suivant

Une note de bas de page est insérée dans ce paragraphe.

(note de bas de page du texte)

Créer un tableau sur Obsidian

Le plug-in "Advance Table", qui fait partie des plug-ins de la communauté, permet d'insérer des tableaux dans le texte. Cela facilite considérablement la mise en forme et l'édition du texte qui doit être placé dans un tableau.

Après l'installation, vous devez entrer les procédures suivantes pour obtenir un tableau :

| Syntaxe | Description |

| ----------- | ----------- |

| livre | stylo |

| règle | marqueur |

Cela permet de créer un tableau comme celui ci-dessous :

Titre	Description
Réserver	Stylo
Règle	Marquage

Pour les textes en gras

Écrivez votre texte entre deux astérisques "**" pour le mettre en gras, ou Ctrl ou CMD + B.

Offre

Pour commencer une citation, appuyez sur > puis sur la barre d'espacement. \ et espace, suivis du nom du citant

Division horizontale des lignes

Pour amorcer un retour à la ligne horizontal, appuyez trois fois sur la touche "moins" ou utilisez des tirets sans espace "---", puis appuyez sur la touche "entrée".

Cependant, si vous placez trois tirets exactement sous un texte dans une interface de notes d'Obsidian, celui-ci sera transformé en titre 1.

Lien hypertexte

Pour insérer un lien hypertexte, tapez Ctrl ou CMD + K, le texte entre crochets et le lien hypertexte entre les parenthèses habituelles.

Vue graphique

Pour ouvrir la vue graphique sur l'interface de notes, appuyez sur Ctrl ou CMD + G

Ouvre Quick Switcher (navigateur de fichiers)

Si vous appuyez sur Ctrl ou CMD + O, une recherche rapide de fichiers est lancée.

Basculer entre le mode édition et le mode consultation

Pour entrer en mode édition, appuyez sur Ctrl ou CMD + E

Texte barré

Pour barrer du texte, il faut entourer la phrase de "~~". Par exemple : "~~J'aime manger du riz~~.

Mettre le texte en valeur

Pour mettre un texte en évidence, il faut entourer la phrase d'un double signe "égal". Par exemple : "==J'aime manger du riz==.

Souligner du texte

Comme Underline n'est pas intégré par défaut dans l'application, vous devez l'installer via la section des plug-ins de la communauté, comme expliqué dans la section des plug-ins ci-dessus. Après l'installation, utilisez Ctrl ou CMD + U pour initier un soulignement. Cela peut ne pas avoir l'air professionnel en Markdown, mais c'est la meilleure option pour le moment.

Blocs de code

Les blocs de code sont utiles pour deux raisons. Premièrement, ils empêchent votre éditeur de compiler le code. Deuxièmement, le code est généralement mis en évidence correctement pour la syntaxe.

Utilisez le ' (puis entrez le langage de programmation), suivi de quelques codes pour insérer du code. Par exemple

"`HTML

Collez le code ici` "

Ajouter la liste de contrôle

Pour ajouter une liste de contrôle sur Obsidian, utilisez - [ ].

Par exemple

- [ ] Nom
- [ ] Adresse

Choix d'un thème

Avec toutes les informations que vous avez reçues jusqu'ici, vous êtes sur la bonne voie pour créer votre première note. Après l'installation et la création d'un coffre-fort, vous devez maintenant choisir le meilleur thème pour votre interface Obsidian. Vous devez d'abord décider si vous voulez que votre application soit en mode clair ou en mode sombre. Voici comment choisir le thème souhaité,

Étape 1 : Accéder à la section **Paramètres**, comme indiqué ci-dessus

Étape 2 : Cliquez sur la sous-section "**Apparence**".

Étape 3 : Utilisez le menu déroulant pour choisir entre le thème clair et le thème foncé.

Pour personnaliser davantage le thème actuel, utilisez le bouton Précédent pour revenir à la section Paramètres. Cliquez ensuite sur la sous-section **Thèmes de la communauté**.

Cliquez ensuite sur **Utiliser** pour appliquer votre thème préféré. Remarque : certains thèmes ne peuvent être utilisés que pour certains modes de thèmes.

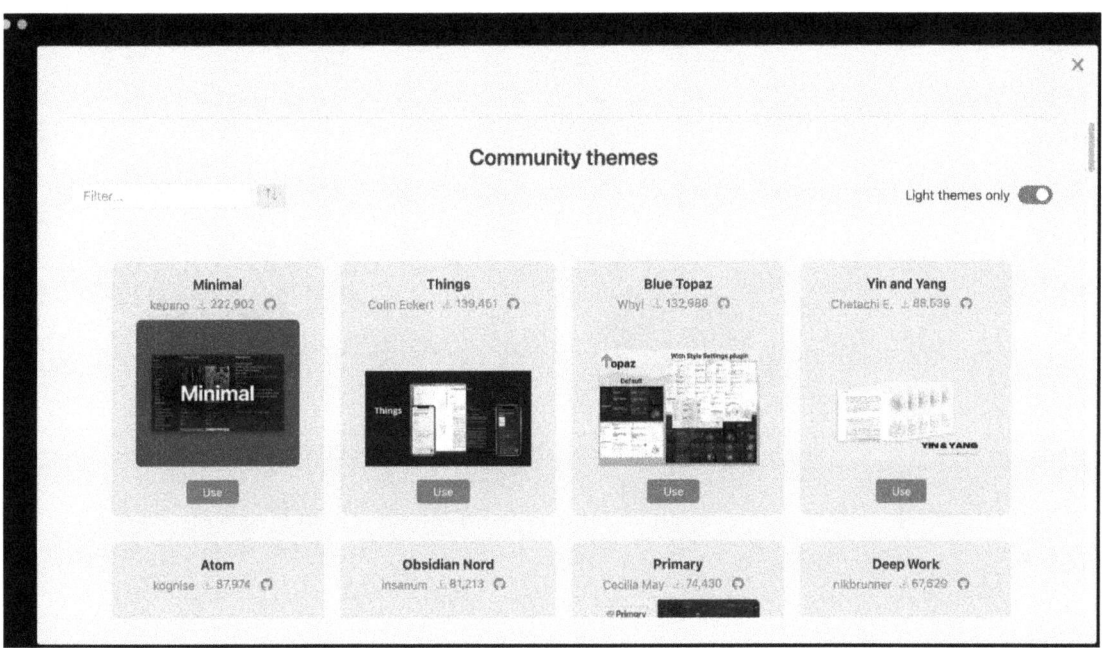

Configurer vos dossiers

Après la création du coffre-fort, l'étape suivante consiste à créer des dossiers (qui ne sont pas obligatoires). Plutôt que de créer des structures de fichiers pour vos notes, vous pouvez utiliser des liens et des backlinks si vous le jugez utile. Bref, pour créer un dossier.

Étape 1 : Cliquez sur l'explorateur de fichiers, qui se trouve dans le coin supérieur gauche.

Étape 2 : Sélectionner un nouveau dossier

Étape 3 : Personnalisez le nom à votre guise

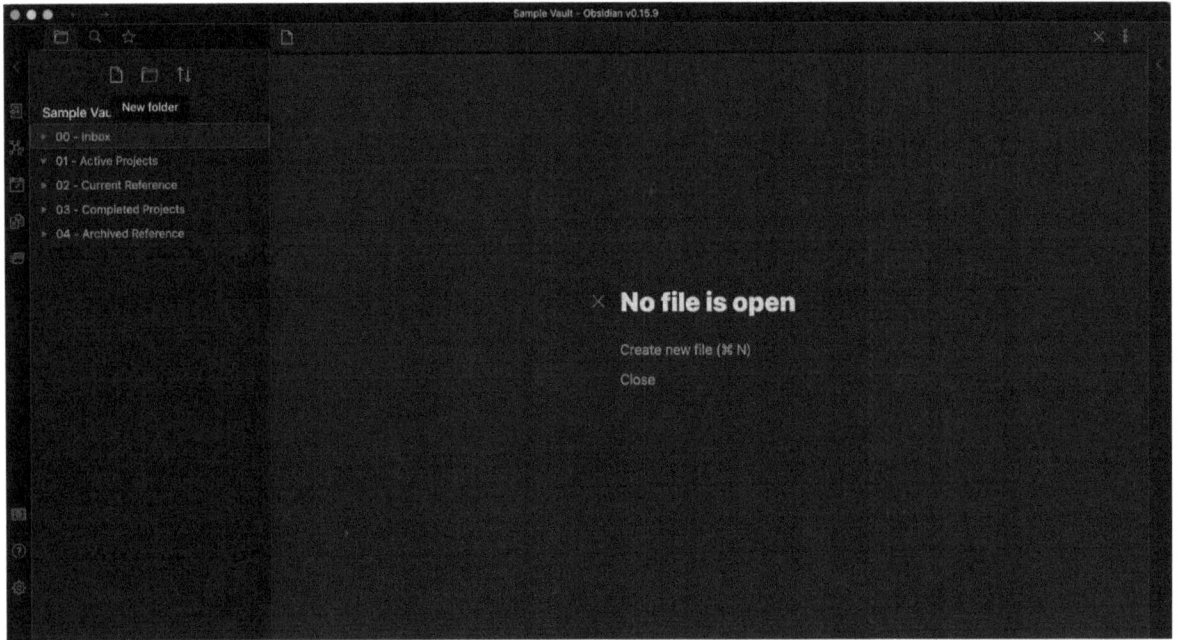

Créer votre première note

En tant que débutant, vous avez deux possibilités simples pour créer automatiquement une nouvelle note. Premièrement, vous pouvez suivre un long chemin en cliquant sur l'Explorateur de fichiers dans la partie supérieure gauche de l'interface d'Obsidian, puis en sélectionnant l'onglet Nouvelle note ou en appuyant simplement sur CMD ou Ctrl + N sur votre clavier.

Le plus important est que vous puissiez créer un lien via l'application ou via un lien

Choisissez ensuite un nom pour votre note et enregistrez-la dans la mémoire locale de votre système sous le nom {nomdechoix.md.}.

Vous pouvez ensuite commencer à rédiger votre note. Pendant la mise en forme, vous pouvez appliquer des puces imbriquées, des titres, des listes, des puces et des mises en évidence à votre texte.

Nouvelle note sur le lien

Lorsque l'on travaille dans Obsidian, l'une des façons uniques de créer une note qui permet de gagner du temps est de créer une note à partir d'un lien. Elle peut essentiellement faire référence à une note qui n'existe pas encore. C'est fantastique lorsque vous travaillez sur une note et que vous vous rendez compte que vous devez créer une autre note, mais que vous ne voulez pas la remplir immédiatement. Il suffit de créer un nouveau lien et de lui donner le nom que vous souhaitez donner à la nouvelle note.

Cela semble compliqué ? Créons une illustration pour montrer comment cela fonctionne.

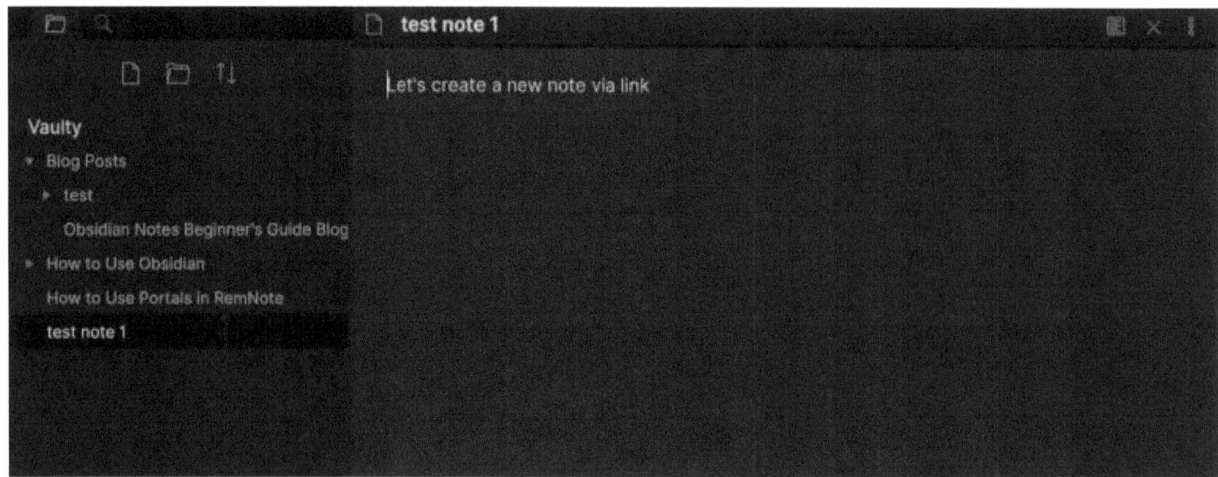

On a un petit mot là-haut.

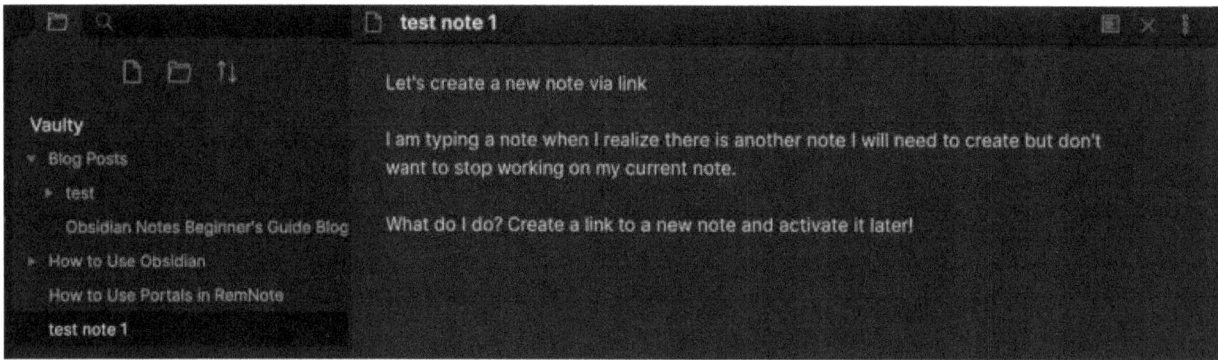

Supposons que vous travaillez sur votre note et que vous vous rendez compte que vous devez en prendre une autre. Mais vous ne voulez pas interrompre ce que je suis en train de faire. Que faites-vous alors ? Lorsque vous êtes prêt à remplir cette nouvelle note, vous pouvez créer un nouveau lien vers une note qui n'existe pas encore et l'activer.

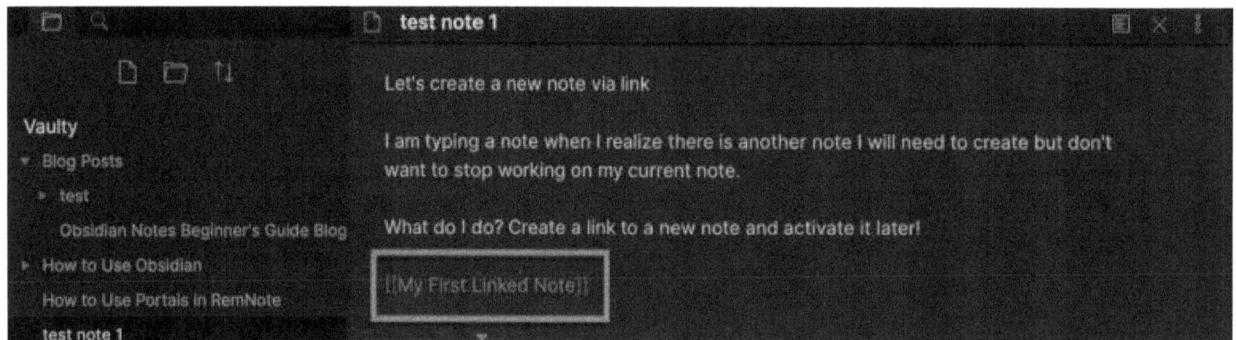

Le nom du lien ou de la note, deux accolades ouvertes ([[) et deux accolades fermantes (]]) sont l'ordre dans lequel les liens sont créés dans Obsidian.

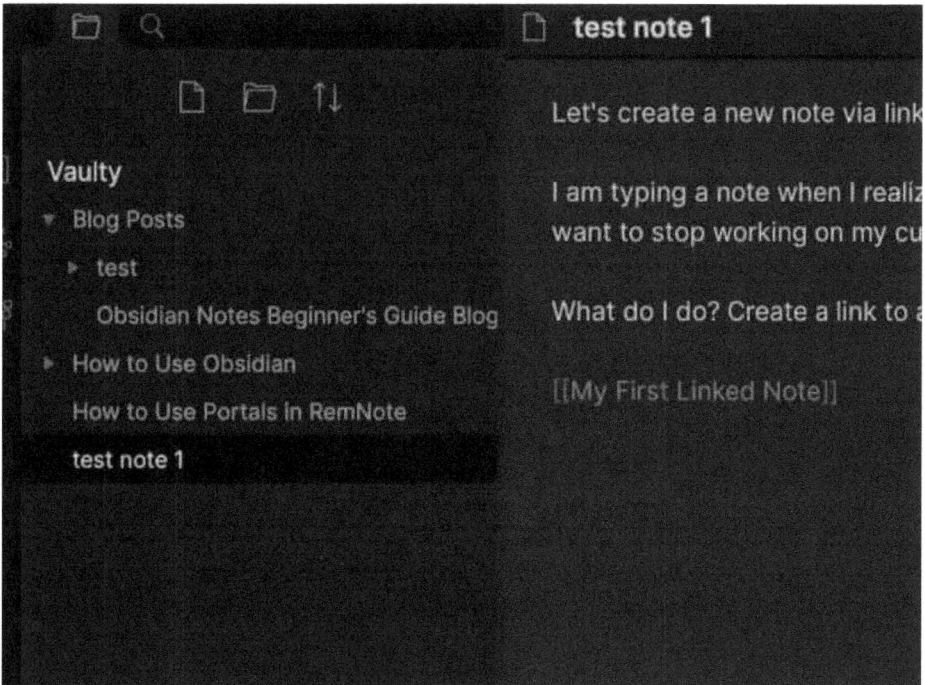

De cette manière, une nouvelle note qui n'existe pas encore est liée. Bien que le lien soit visible dans la capture d'écran ci-dessus, la note n'apparaît pas dans la liste des notes à gauche. C'est pour permettre la création du lien, ce qui nécessite un clic dessus.

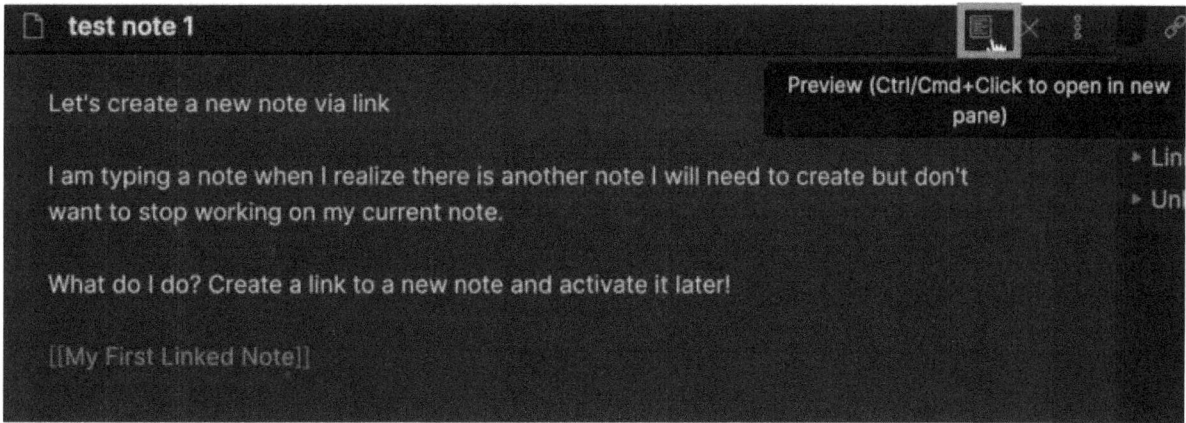

Il est préférable de cliquer sur le lien après avoir basculé le mode d'édition de la note actuelle en mode d'aperçu. Sur le côté droit de la barre de titre de la note se trouve un bouton qui vous permet de basculer entre le mode aperçu et le mode édition, comme illustré ci-dessus. Alors qu'en mode aperçu, le document est affiché avec le formatage spécifié, en mode édition, vous pouvez écrire et modifier le document.

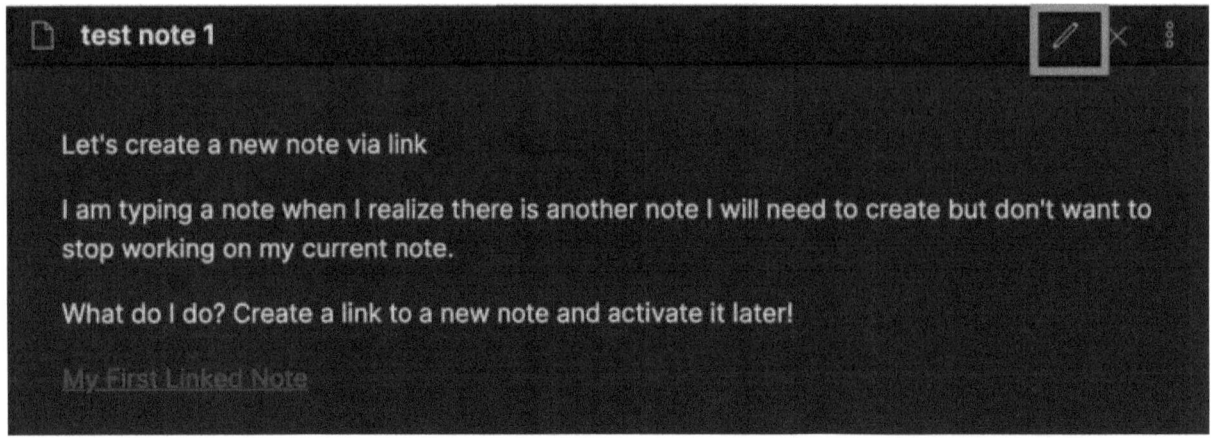

Appuyez sur l'interrupteur à bascule. Votre écran devrait maintenant ressembler à celui ci-dessus. La touche Maj s'est transformée en une icône de crayon qui, lorsque vous cliquez dessus, vous ramène en mode édition, et le lien n'a plus d'accolades. Cliquez sur le lien de la note pour créer une nouvelle note.

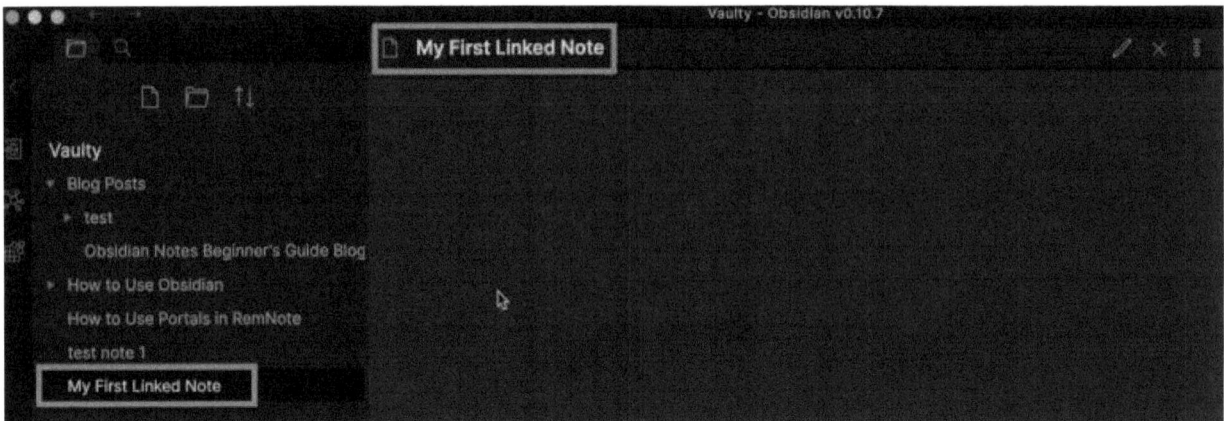

Votre nouvelle note s'affiche dans la fenêtre principale et dans la barre de notes. Cliquez sur l'icône en forme de crayon pour modifier votre nouvelle note, puis saisissez un contenu.

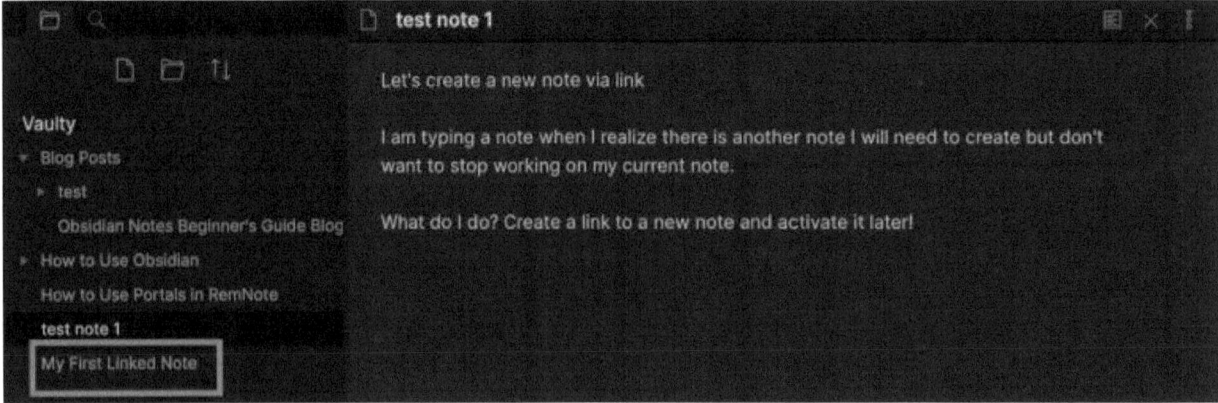

Le plus étonnant, c'est que ce document reste disponible même si vous supprimez le lien de la page originale, comme illustré ci-dessus. Cela me sauve la vie, car j'ai régulièrement des idées de nouvelles notes à écrire, mais je ne veux pas interrompre le travail sur la note en cours. Si vous avez un projet dont vous savez que vous avez besoin de certaines notes pour certains composants du projet, cette stratégie de liaison fonctionne également bien. Tous les documents nécessaires peuvent être liés à une page de projet principale. Il suffit de cliquer sur le lien lorsque vous êtes prêt à remplir ces notes.

Organiser ses notes

Dans Obsidian, vous pouvez glisser-déposer vos notes dans le dossier de votre choix. Vous faites glisser le titre de la note vers un dossier en cliquant sur le titre de la note à gauche et en le maintenant enfoncé.

Maintenant que nous avons terminé avec les bases, nous pouvons nous tourner vers quelques autres actions importantes que vous pouvez effectuer dans l'application Obsidian.

Pour rechercher du texte dans une note

La recherche manuelle de choses peut être décourageante, même si l'on connaît le nom. Mais ce n'est pas une fatalité. La meilleure approche est généralement de vérifier toutes les notes, mais cela prend aussi beaucoup de temps.

Prenons l'exemple de Bob Uecher. Il a fait une remarque mémorable sur les Knuckleballs. Supposons que vous ayez besoin de lui et que vous ne vous souveniez pas de la déclaration exacte, mais que vous sachiez que c'est Uecher qui l'a faite, alors cela apparaîtra lorsque nous taperons "Uec" dans Obsidian :

C'est ainsi que nous sommes parvenus au résultat que vous voyez sur la capture d'écran :

Étape 1 : Cliquez sur le champ "Recherche".

Étape 2 : Tapez **"uec"** dans le champ de recherche.

Étape 3 : Dans les résultats de la recherche, sélectionnez le résultat pour lequel vous souhaitez afficher la note.

Étape 4 : Le texte recherché a été surligné en jaune dans la note, comme vous pouvez le voir.

Utiliser les données de notes pour la recherche rapide

Obsidian dispose des mêmes fonctions de recherche de notes par date qu'Evernote. Pour cette recherche, Obsidian utilise les données du fichier. Cependant, vous pouviez accéder à Evernote et modifier la date de création d'une note. Cela s'est également avéré utile, car vous avez souvent comparé la date de création d'une note avec la date figurant sur un document. À ce stade, vous pouvez utiliser une touche de raccourci dans Obsidian pour déterminer la date de création d'une note. Il existe cependant une méthode plus simple, c'est pourquoi nous avons ajouté le préfixe Format de la boîte à fiches.

Imaginez que vous souhaitiez consulter tous les bordereaux du 3 octobre 2021. Nous devons taper ce qui suit dans la barre de recherche, en supposant que vous faites précéder tous les titres de notes de votre préfixe de bordereau : 20211003 :

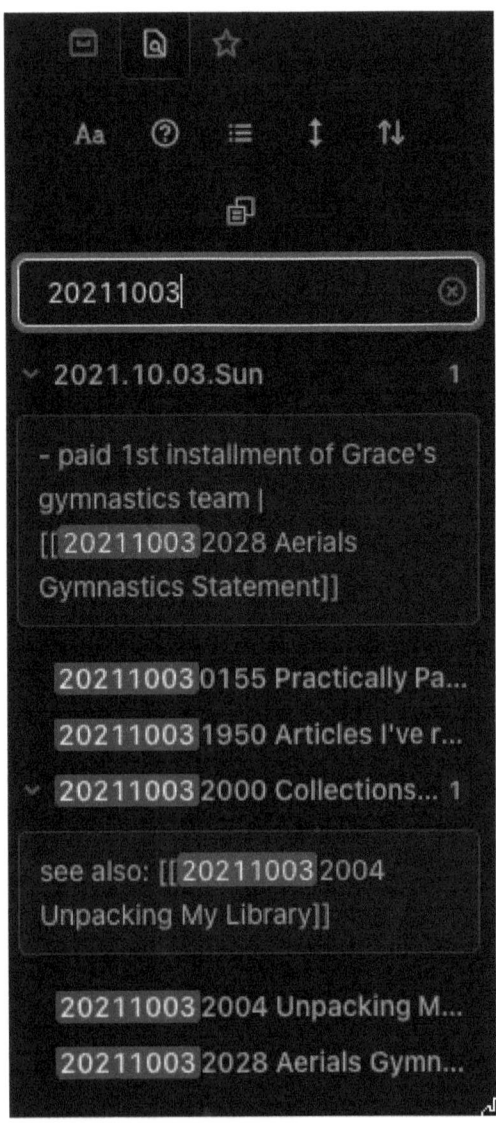

Vous pouvez voir que ma recherche donne six notes avec cette date comme préfixe. Le contenu d'une note peut être affiché en cliquant dessus. L'un des résultats est l'entrée du jour pour le 3 octobre 2021. La note apparaît dans la liste des notes correspondantes, bien qu'elle n'ait pas de préfixe de bordereau, car elle se réfère à une autre note qui le fait.

Recherche de notes avec des tags

Vous pouvez rechercher des notes par mots-clés en faisant précéder ma recherche de "tag :". Si vous le souhaitez, vous pouvez inclure plusieurs tags dans votre recherche. Supposons que vous souhaitiez rechercher des notes avec les tags #baseball et #lists. Voici à quoi ressemble votre tombe d'Obsidian :

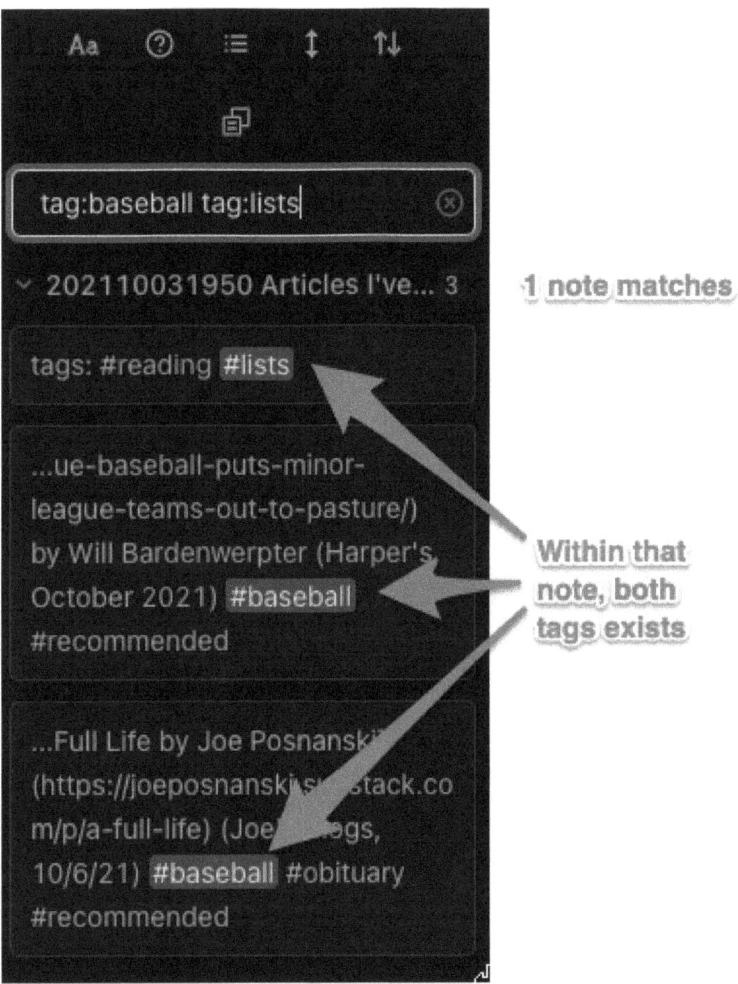

Recherche d'éléments à faire

Enfin, je peux rechercher des tâches en fonction de leur statut (terminées, marquées comme "à faire" ou terminées, selon Obsidian). Supposons que je veuille rechercher toutes les notes d'octobre 2021 qui contiennent des tâches non terminées. Voici à quoi ressemble cette recherche dans Obsidian :

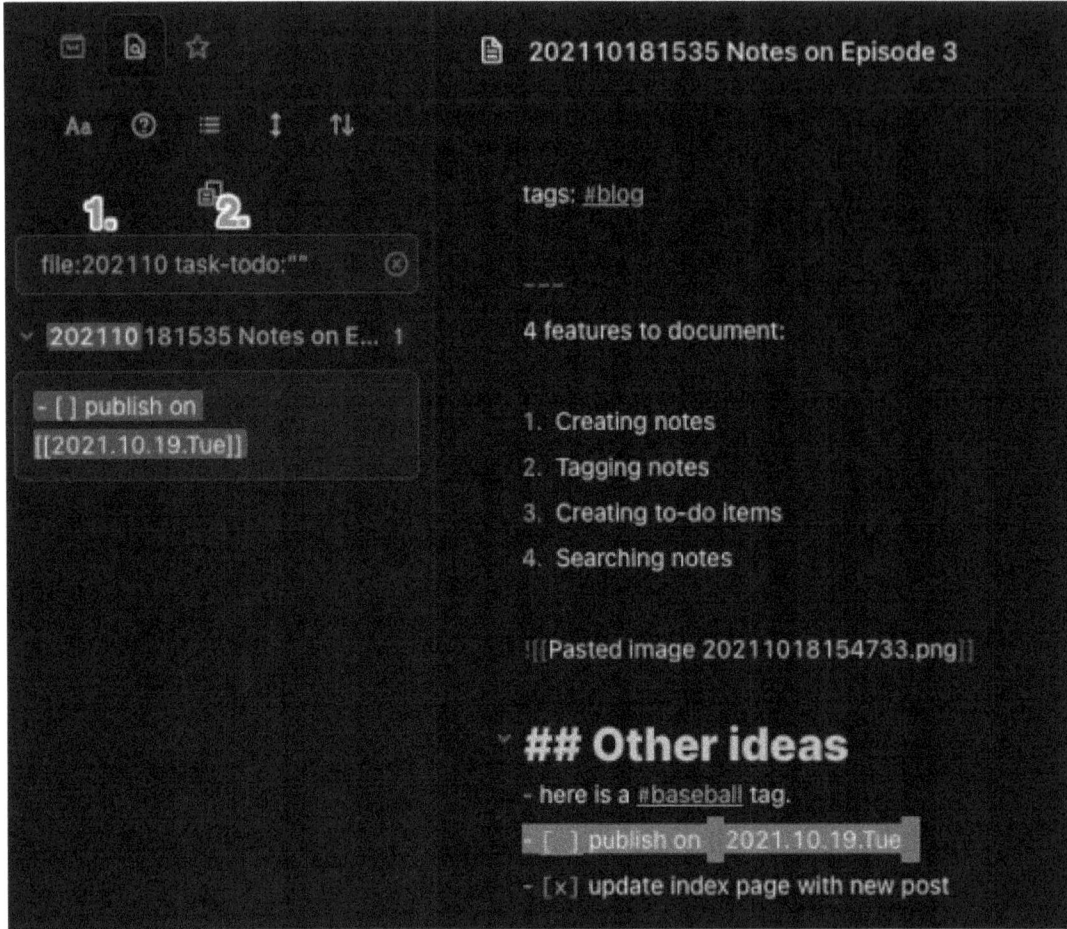

La situation est la suivante :

Je suis à la recherche de fichiers dont le nom est 202110, ce qui signifie 2021 (année) et 10 (mois).

Je recherche également les notes qui contiennent des tâches qui n'ont pas encore été effectuées : task-todo :"

Le résultat est une note - celle que j'ai écrite au début de cet article. Le seul travail inachevé pour ce mois est souligné en jaune dans la note, et le titre de la note commence par le chiffre 202110.

Espaces de travail

Si vous avez l'habitude d'utiliser un bloc-notes et un stylo pour prendre des notes, vous comprendrez que cela peut parfois être difficile, surtout si vous devez trouver une scène pour tenir votre bloc-notes ou votre iPad à hauteur des yeux pendant que vous travaillez, afin de garder une vue d'ensemble de votre développement. C'est ce que la fonction d'espace de travail tente de résoudre. Curer et organiser soigneusement votre flux de travail.

Toutefois, vous devez d'abord activer le plug-in avant de pouvoir lancer le processus.

Pour ce faire

Étape 1 : Aller à la section Plug-in de base (voir les détails du plug-in de base pour comprendre comment le trouver)

Étape 2 : Recherchez les espaces de travail et cliquez sur le curseur pour l'activer (une fois activé, le bouton **"Gérer les espaces de travail"** s'affiche dans la barre d'outils de gauche).

Étape 3 : Cliquez sur Quitter les paramètres pour quitter.

Étape 4 : Vous pouvez attribuer un raccourci à l'espace de travail en utilisant la section Créer un raccourci.

Une fois activé, vous pouvez organiser les vues et les fenêtres que vous utilisez exactement comme vous le souhaitez et enregistrer cette organisation en tant qu'espace de travail personnalisé. Lisez la section [[Vue partagée]] ci-dessus pour savoir ce que vous pouvez faire. Vous pouvez sélectionner la vue prédéfinie en cliquant sur "Gérer les espaces de travail" lorsque vous l'utilisez à nouveau.

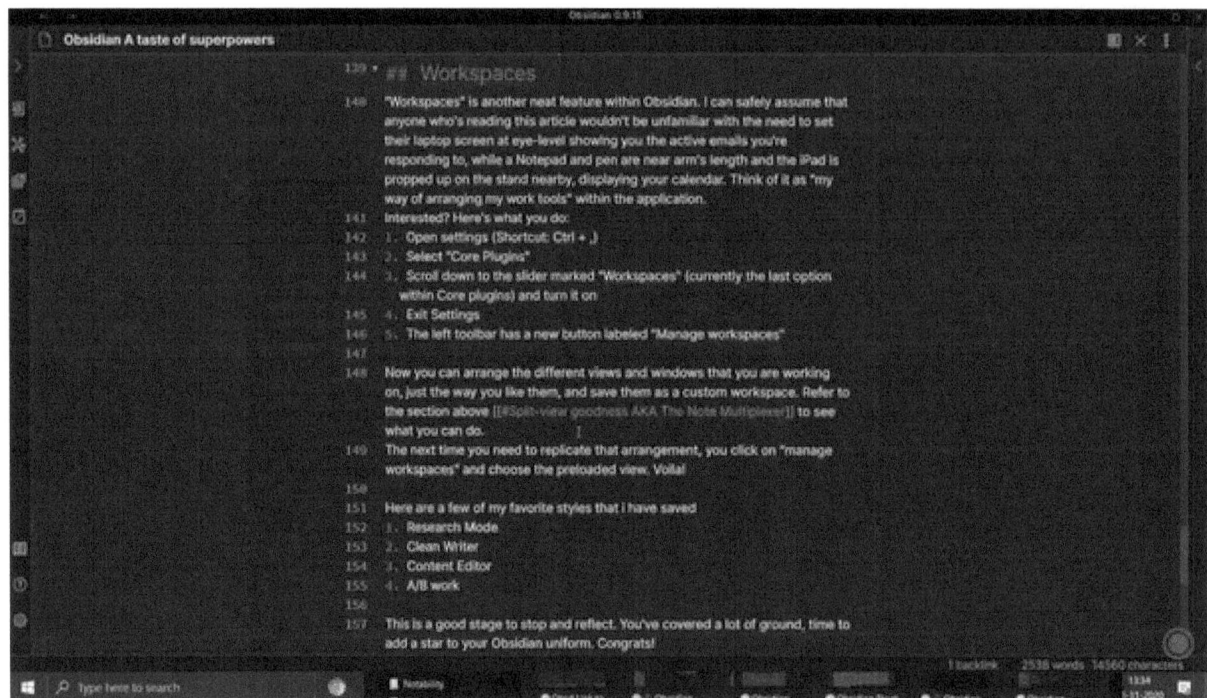

Styles d'Obsidian habituels

Quelques styles utiles et leurs utilisations sont expliqués ci-dessous :

Mode éditeur

Ce style est utilisé pour la révision d'articles et de notes. Vous trouverez ci-dessous une capture d'écran de ce à quoi il ressemble.

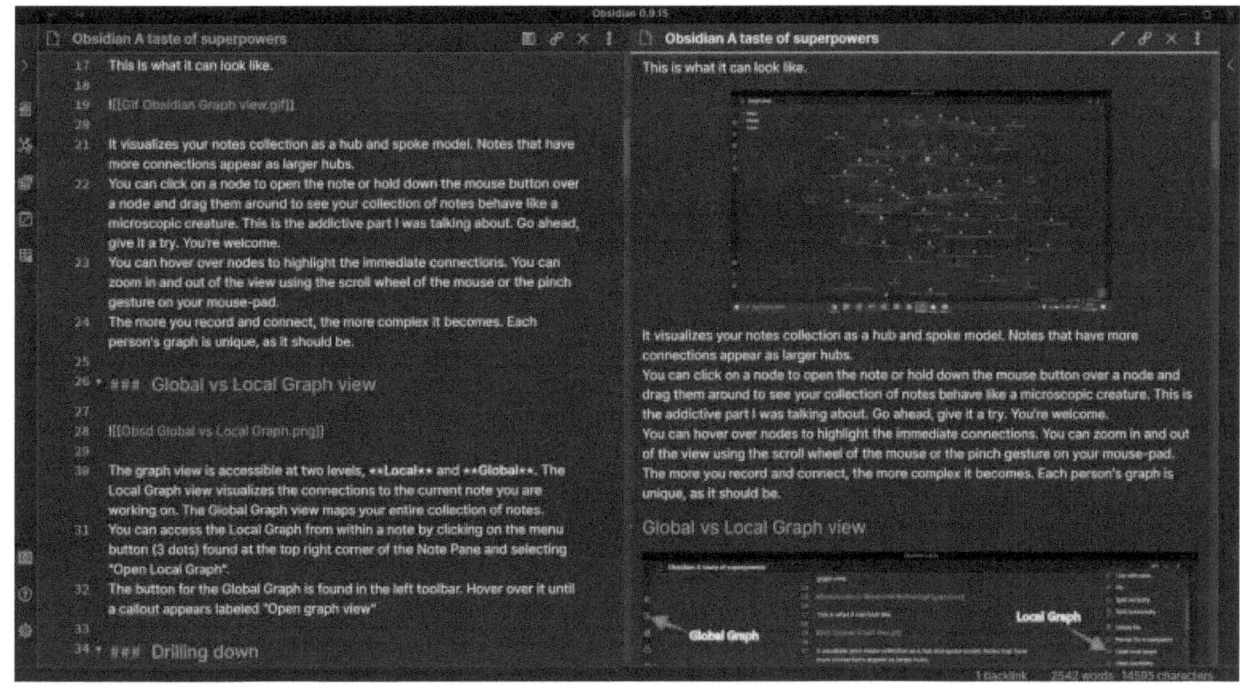

Mode de recherche

Ce style est adapté au brainstorming. Ci-dessous, vous trouverez un aperçu de ce à quoi ressemble l'interface :

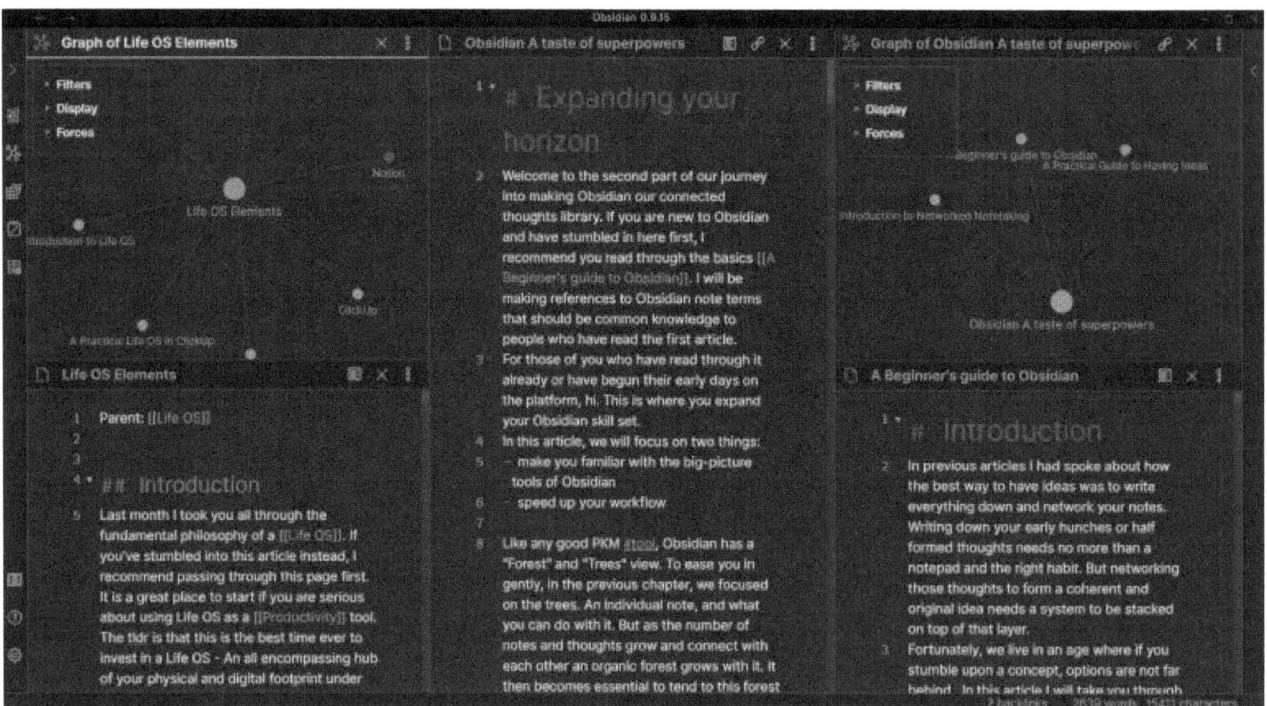

Enregistreur propre

Comme son nom l'indique, Clean Water est un style exempt de distractions supplémentaires. Pour maintenir la concentration lors de la création de contenus entrants

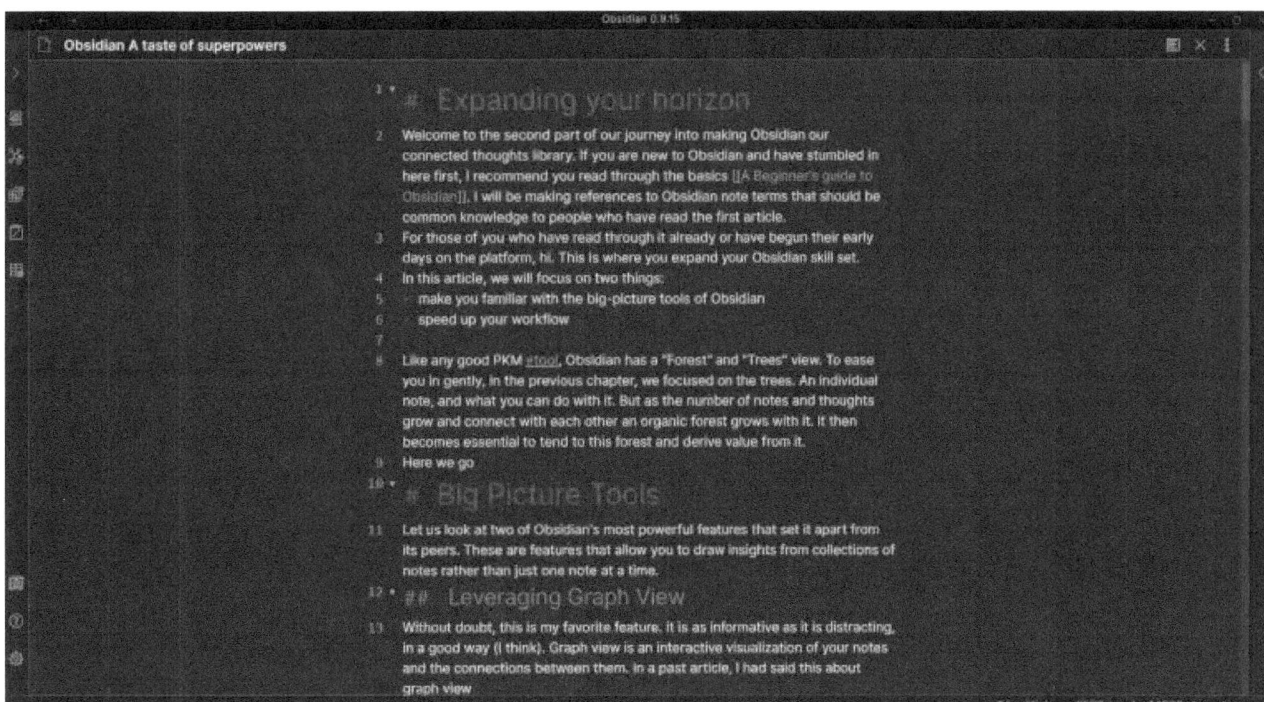

Mode A/B

Vous pouvez utiliser ce style pour comparer. Il est pratique lorsque vous vérifiez la différence entre deux versions des mêmes notes.

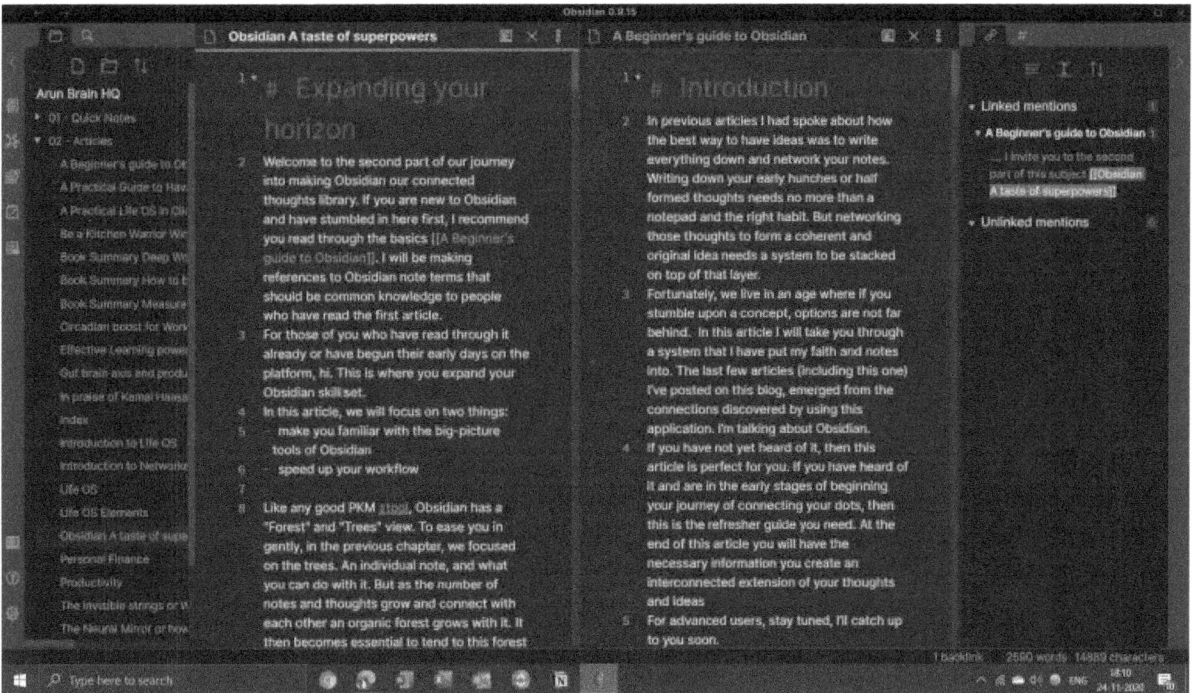

Édition de textes

Bien que nous ayons mis en évidence quelques raccourcis et principes de base importants pour l'édition de texte, il est évident que la mise en forme de texte dans Obsidian diffère de celle du Bloc-notes et d'autres logiciels de traitement de texte comme MS Word. Mais il n'en reste pas moins que vous avez besoin de la riche collection de fonctions de mise en forme de texte disponibles principalement dans Markdown.

Obsidian utilise plutôt Markdown pour l'édition de texte. La syntaxe Markdown permet d'utiliser des symboles qui peuvent être lus comme une mise en forme de texte à l'intérieur du texte. Même si cela semble difficile, nous allons expliquer quelques bases dans la section suivante.

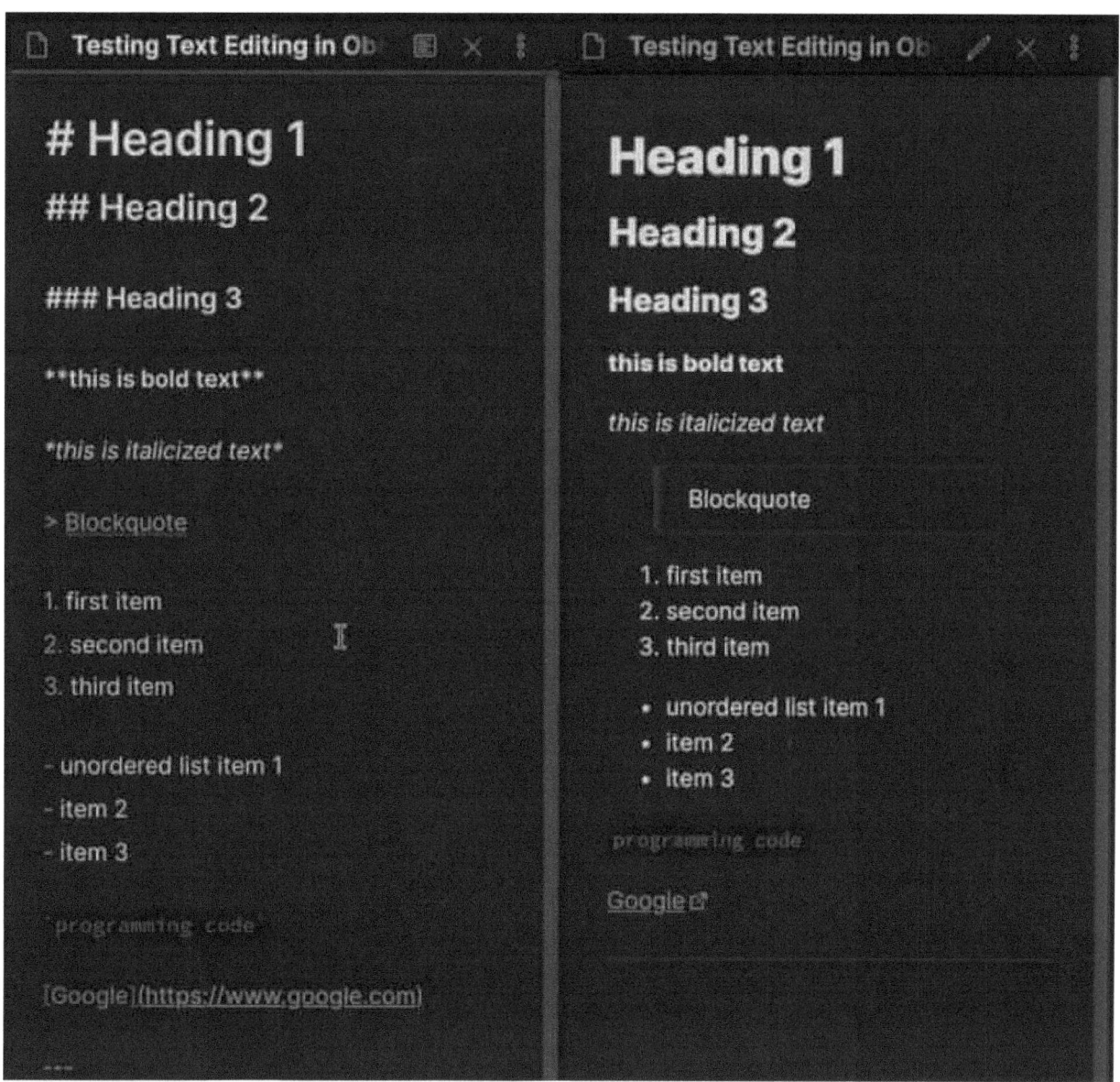

La partie droite de la capture d'écran ci-dessus montre le formatage du texte, et la partie gauche montre comment il affecte la police Markdown. En tout cas, cela n'a pas l'air si décourageant.

Vue partagée

Comme son nom l'indique, la vue divisée vous permet d'ouvrir plusieurs notes en même temps. Obsidian y parvient en divisant la fenêtre en autant de vues de notes/graphiques que vous le souhaitez, au lieu d'ouvrir différents onglets en même temps comme dans d'autres logiciels de traitement de texte comme Microsoft Word.

Pour activer la vue partagée, procédez comme suit :

Étape 1 : vous devez choisir de diviser l'écran verticalement ou horizontalement. Allez donc dans la zone supérieure droite et cliquez sur les trois points, choisissez soit de diviser horizontalement, soit de diviser verticalement.

Étape 2 : Choisissez soit un nouveau graphique, soit une note dans l'option.

Étape 3 : Dès qu'il s'ouvre, vous pouvez ouvrir un backlink en cliquant dessus avec le bouton droit de la souris ([[**Backlink**]]) et en tapant sur "**Ouvrir dans une nouvelle fenêtre**". "

Étape 3 : Pour sélectionner une note dans la vue Graphique, placez le curseur de la souris sur la note, maintenez **la touche Ctrl** enfoncée et **cliquez**.

Étape 4 : Suivez les instructions ci-dessus pour attribuer un raccourci à votre vue partagée.

Mieux encore, vous pouvez l'utiliser sur littéralement n'importe quelle taille d'écran et ouvrir jusqu'à 4 notes sans surcharger vos menus de l'interface utilisateur du système.

Vous trouverez ci-dessous une capture d'écran de ce à quoi votre écran ressemblera.

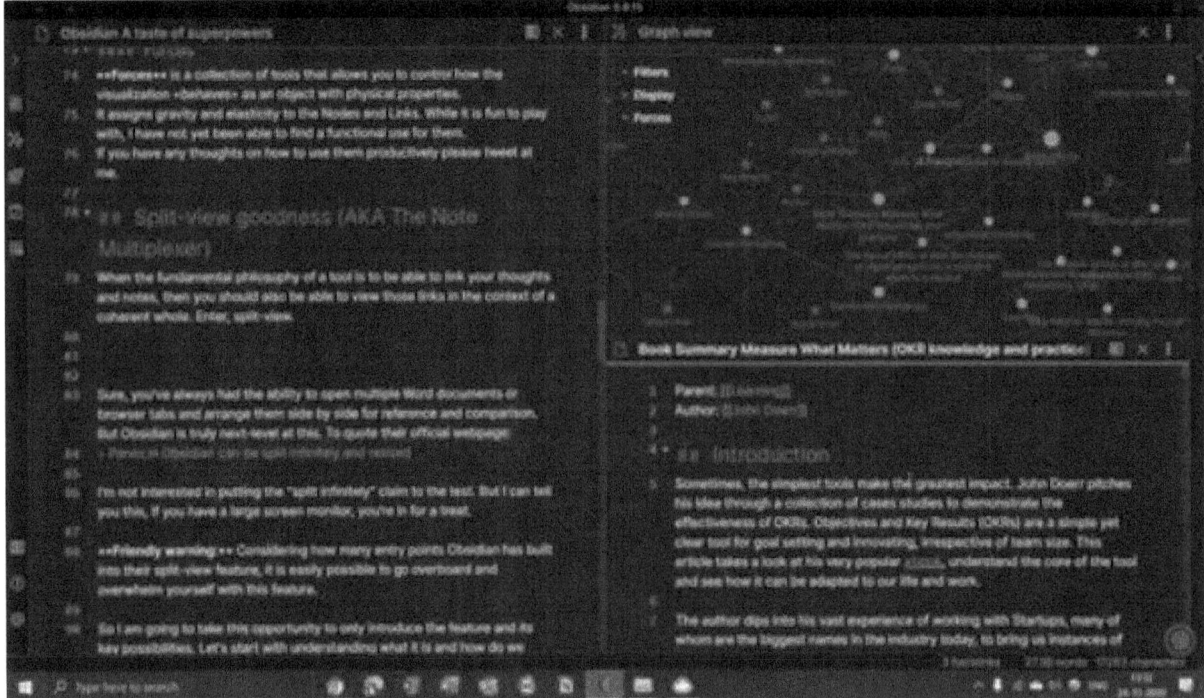

Remarque : vu le nombre de points d'accès qu'Obsidian a inclus dans sa fonctionnalité de split view, il est facile d'en abuser et d'être submergé.

Nous ne profiterons donc de cette occasion que pour décrire ses fonctionnalités et ses principales applications. Commençons par comprendre ce qu'il est et comment l'utiliser.

Pourquoi une vue partagée est-elle importante ?

On n'insistera jamais assez sur la raison d'être de l'écran partagé, et les utilisateurs fréquents d'une telle option, comme les programmeurs, savent probablement à quel point elle est importante pour l'idéalisation. Voici cependant quelques raisons pour lesquelles vous avez besoin d'un écran partagé d'Obsidian.

- La vue partagée est un excellent outil de recherche. Que vous créiez de nouveaux contenus ou que vous fassiez des commentaires sur des contenus déjà publiés, rien n'est mieux que d'avoir les notes associées ouvertes pour accéder rapidement aux "blocs qui peuvent être reliés entre eux" et aux "citations qui peuvent être citées pour donner plus de profondeur et de crédibilité à votre matériel. "
- Une vue partagée est utile quand on travaille avec des cartes de contenu. Un autre article explorant des concepts et des applications Obsidian plus avancés est nécessaire pour éclairer cette métanote. Mais pour l'instant, les cartes de contenu peuvent être considérées comme une page d'accueil pour des notes sur un sujet plus large.
- Ouvrez une note vide et une vue partagée de son graphique local pour voir en temps réel les liens que vous créez. Vous pouvez ainsi distinguer les liens qui mènent à des notes déjà créées de ceux qui renvoient à des notes en cours d'écriture.
- La vue divisée peut être utile pour créer un moodboard d'idées ou pour réviser un sujet ennuyeux.
- Lorsque deux informations sont ouvertes dans une seule interface, vous pouvez travailler dans un environnement sans distraction lorsque vous devez les examiner ou les comparer et les confronter.
- La vue graphique et la vue partagée sont deux des fonctions uniques d'Obsidian qui vous permettent de modifier vos notes simultanément. L'optimisation des processus est l'autre chose à laquelle vous devez prêter attention pour progresser dans Obsidian.

Comment importer des fichiers

Vous pouvez importer n'importe quel type de fichier, mais en tant que débutant, nous pouvons limiter cette opération aux fichiers les plus importants avec lesquels vous allez travailler, comme l'audio, les vidéos, les images et les PDF. Vous devez toutefois vous assurer que le contenu se trouve dans le dossier coffre-fort. Il est de pratique courante de créer un dossier de pièces jointes et d'y stocker tous vos médias. Une fois que votre matériel se trouve dans le dossier Obsidian, vous pouvez vous y connecter en utilisant la syntaxe suivante :

Importer des images

Il y a deux façons d'importer des images dans votre note : Premièrement, vous pouvez les glisser-déposer ou utiliser la syntaxe Markdown. Les formats de fichiers image suivants peuvent être importés dans votre note Obsidian : PNG, JPG, JPEG, GIF, BMP et SVG.

Faites glisser l'image dans l'interface de notes

Après le glisser-déposer, Obsidian place automatiquement le fichier importé dans le dossier des pièces jointes. Je vous suggère toutefois de créer un dossier pour que vos notes soient plus claires et moins lourdes.

Vous trouverez ci-dessous des instructions étape par étape pour glisser et déposer votre image

Étape 1 : Ajoutez une zone avec la même note en mode aperçu après avoir ouvert votre note en mode édition.

Etape 2 : Ouvrir une image dans votre espace de stockage de fichiers local

Étape 3 : Faites glisser l'image dans le mode d'édition de la note.

Étape 4 : Comme le montre l'illustration suivante, la fenêtre d'aperçu doit afficher l'image, tandis que le mode d'édition doit afficher la syntaxe de l'image Markdown.

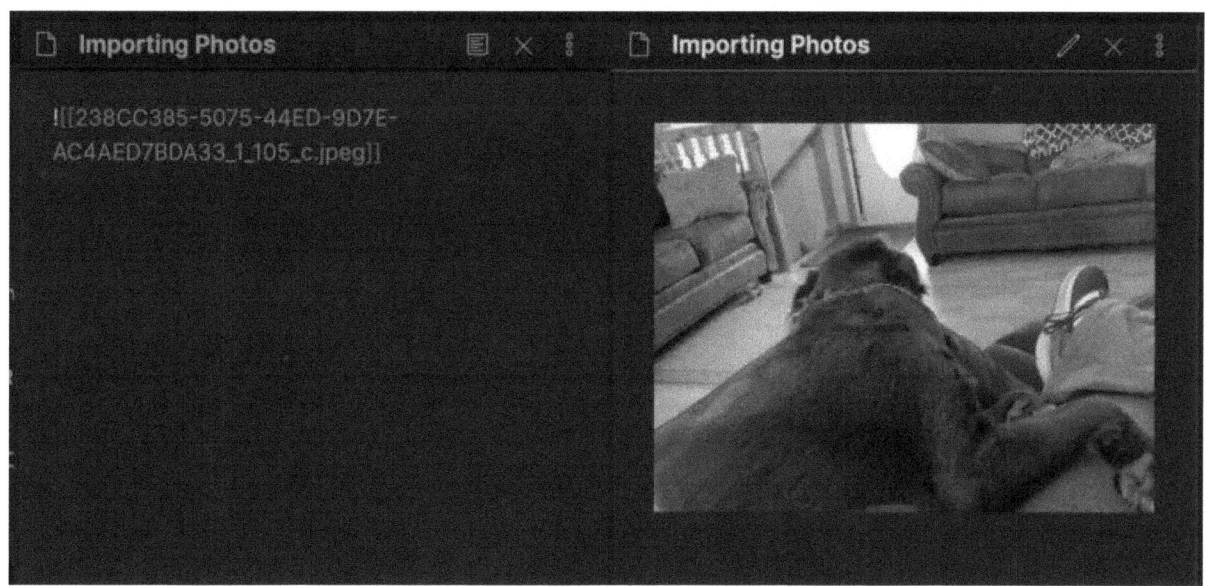

Utiliser la syntaxe Markdown

L'avantage de l'utilisation d'Obsidian est que les syntaxes sont assez faciles à retenir. Ainsi, si vous voulez ajouter un fichier image avec le format de fichier à la fin. Disons que vous voulez ajouter une image enregistrée avec Bexy au format jpg ; vous devez entrer la syntaxe comme suit : **[Image](Bexy. jpg)**

Pour ajuster la taille du fichier, vous pouvez saisir la dimension en pixels dans une parenthèse ouverte et fermée "()". "

Importer de l'audio et des vidéos

Obsidian vous permet également d'importer des vidéos et des fichiers audio dans l'interface de prise de notes par simple glisser-déposer ; il vous suffit de les faire glisser en mode édition pour voir le résultat dans la fenêtre d'aperçu, comme le montre la capture d'écran ci-dessous. Les formats de fichiers compatibles pour l'audio sont Mp3, WebM, WAV, M4a, Ogg, 3gp et FLAC ; les fichiers vidéo compatibles sont Mp4, WebM et ogv.

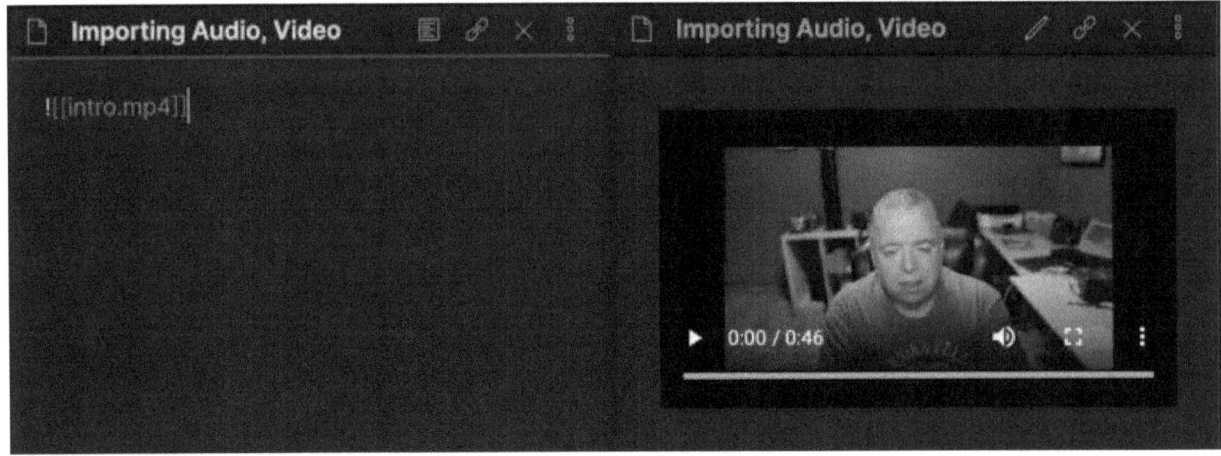

Importer des PDF

La procédure semble être presque la même pour tous les fichiers multimédias, mais elle est légèrement différente pour les fichiers PDF. Comme les PDF ne peuvent pas être inclus physiquement dans les notes, ils doivent apparaître en tant que pièces jointes. Cela signifie que vous ne verrez pas votre fichier PDF réel, mais un aperçu du titre de votre fichier en mode prévisualisation.

En bas à gauche, vous voyez un champ avec une flèche. Si vous passez dessus avec le curseur de la souris, vous verrez le message "Ouvrir dans l'application standard". Dès que vous cliquez dessus, votre fichier PDF s'ouvre automatiquement avec le lecteur PDF par défaut de votre ordinateur.

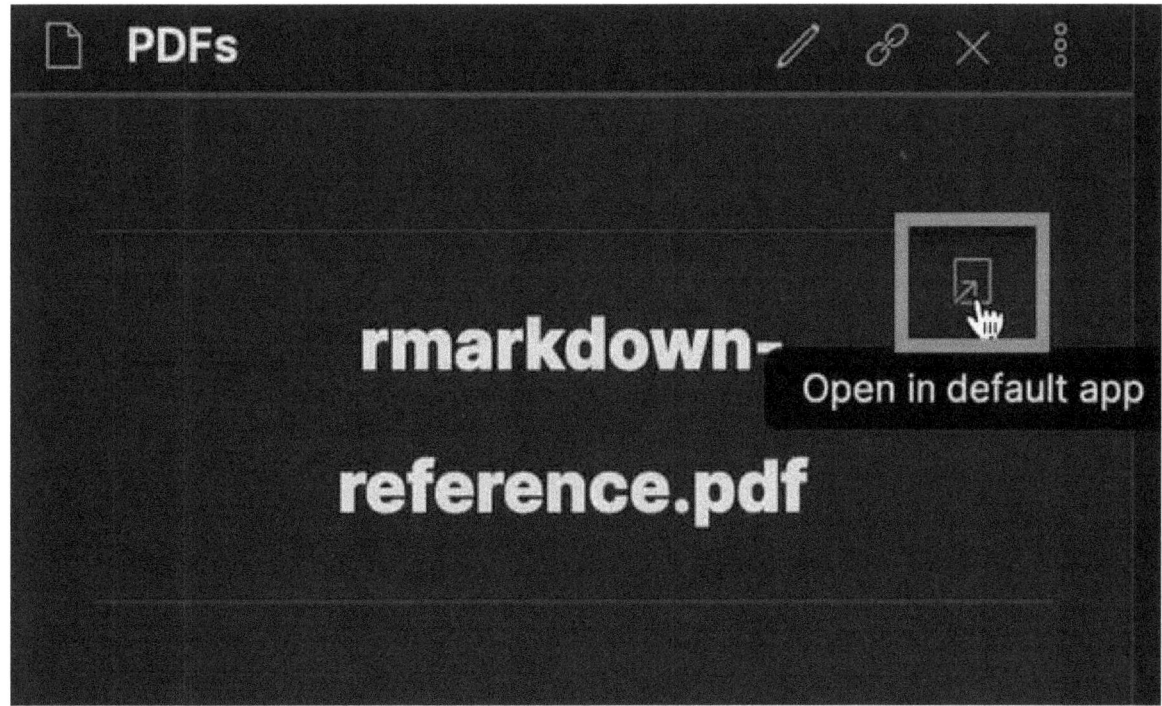

Graphique des connaissances

Chaque fois que vous appuyez sur CTRL + G, le diagramme d'Obsidian se place à la place de votre note active. Le diagramme représente visuellement les liens et les balises entre vos notes et vous aide à découvrir des relations entre les notes dont vous n'aviez pas conscience auparavant.

L'utilisation des graphes de connaissances est un excellent moyen de voir comment les différentes notes de votre Vault sont reliées entre elles. Si vous utilisez Obsidian pour la première fois, cela peut ne pas vous paraître très important. Au fur et à mesure que vous ajoutez des notes et des backlinks pour relier les informations entre elles, le graphe de connaissances fera apparaître de plus en plus de liens, dont certains ne seront peut-être pas immédiatement évidents.

Il existe deux niveaux de vue du diagramme : local et global. Les liens avec la note sur laquelle vous travaillez sont affichés dans la vue "Diagramme local". La vue "Diagramme global" affiche une carte de toutes vos notes.

En sélectionnant **"Ouvrir le graphique local"** à l'aide du bouton de menu (trois points) situé dans le coin supérieur droit de la fenêtre de la note, vous pouvez accéder au graphique local à partir d'une note.

La barre d'outils de gauche contient le bouton Graphique global. Lorsqu'une invite **"Ouvrir la vue Graphique"** s'affiche, placez le curseur de la souris dessus.

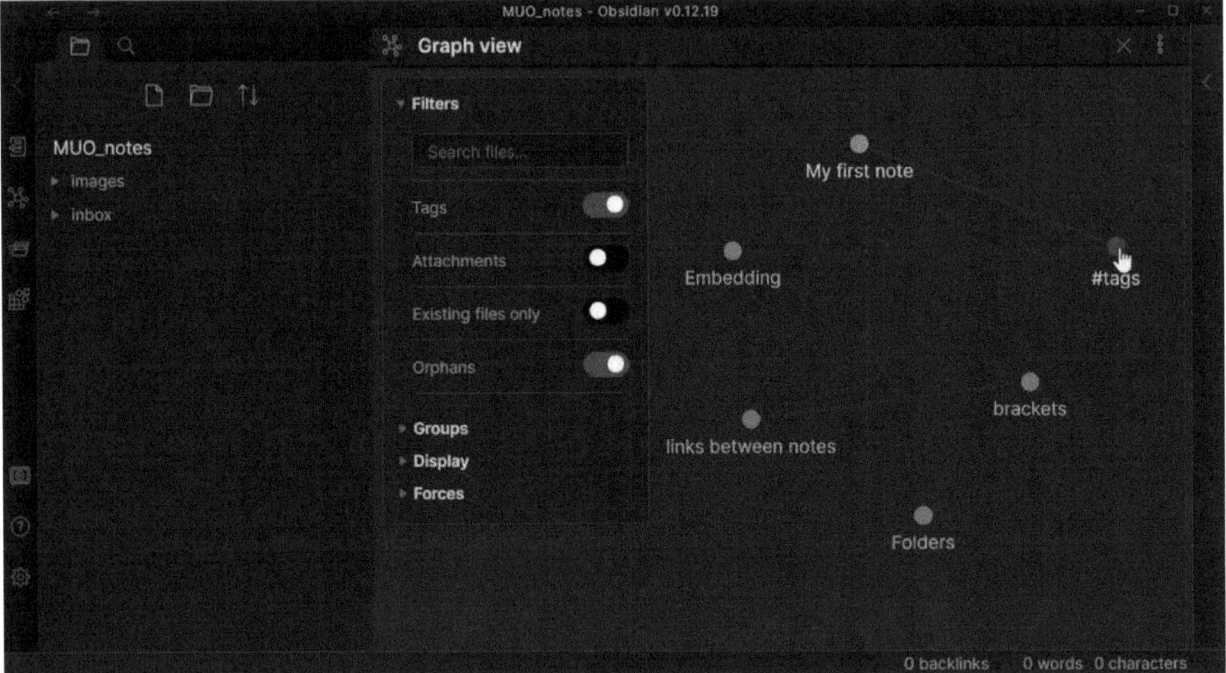

Filtrer les graphes de connaissances

Filtrer le Knowledge Graph est très simple, mais vous devez tenir compte des critères énumérés ci-dessous :

- Le nombre de mots de la note peut être indiqué ici.
- Pour savoir si la note contient des balises ou non
- Qu'il y ait des annexes ou non
- Si la note est taguée ou non
- Pour indiquer quelles notes sont des fichiers existants, et pas seulement des liens
- Si la note est un fichier autonome sans renvoi à d'autres notes

Ces fonctions sont activées dès que vous appuyez sur le bouton de mise en marche et d'arrêt

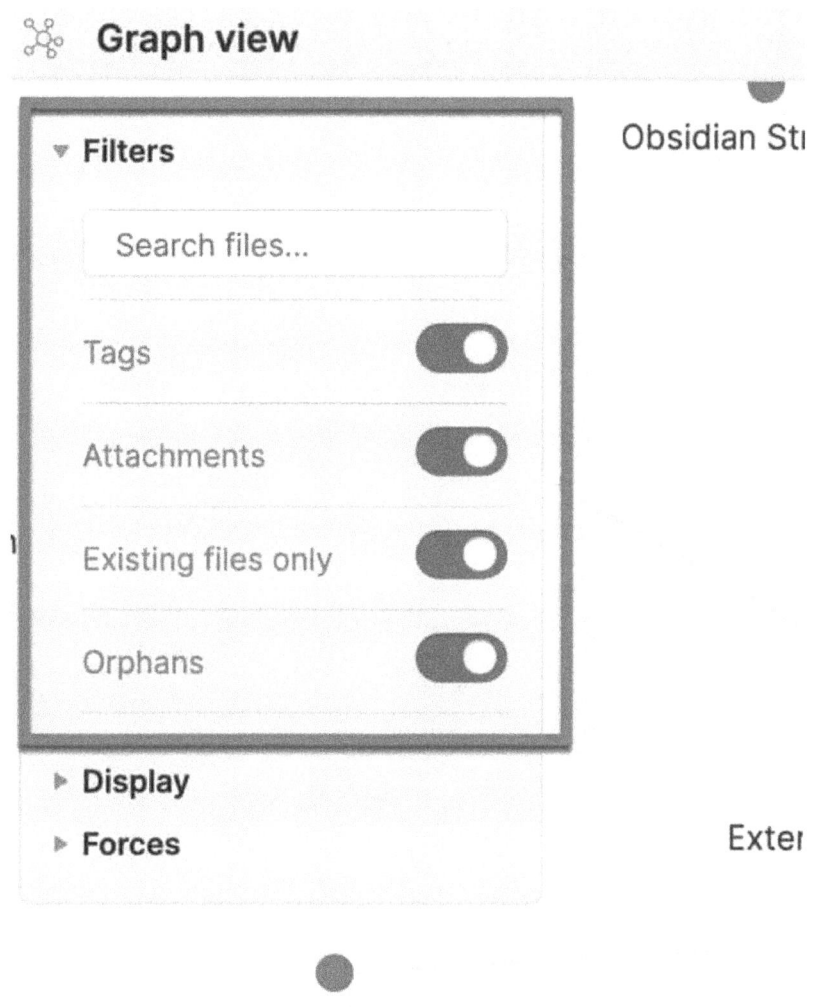

Vue graphique Détails

La vue Diagramme est une représentation dynamique de vos notes et des relations entre elles. Elle représente l'organisation de vos notes sous la forme d'un design de moyeu et de rayons. Des moyeux plus grands représentent davantage de notes liées.

Vous pouvez faire glisser un nœud sur l'écran en maintenant le bouton de la souris enfoncé pour voir comment votre collection de notes se comporte comme un être vivant microscopique, ou vous pouvez cliquer sur un nœud pour afficher la note.

Lorsque vous passez le curseur de la souris sur des nœuds, toutes les connexions proches sont mises en évidence. Vous pouvez agrandir ou réduire la vue en utilisant la molette de défilement de la souris ou le geste de pincement sur le tapis de souris.

Cela devient de plus en plus compliqué au fur et à mesure que l'on relie et que l'on enregistre. Le diagramme de chacun est clair, comme il devrait l'être.

Elle peut cependant être consultée au niveau local et global. Les liens avec la note actuelle sur laquelle vous travaillez sont affichés dans la vue "Graphique local". La vue "Graphique global" affiche une carte de toutes vos notes.

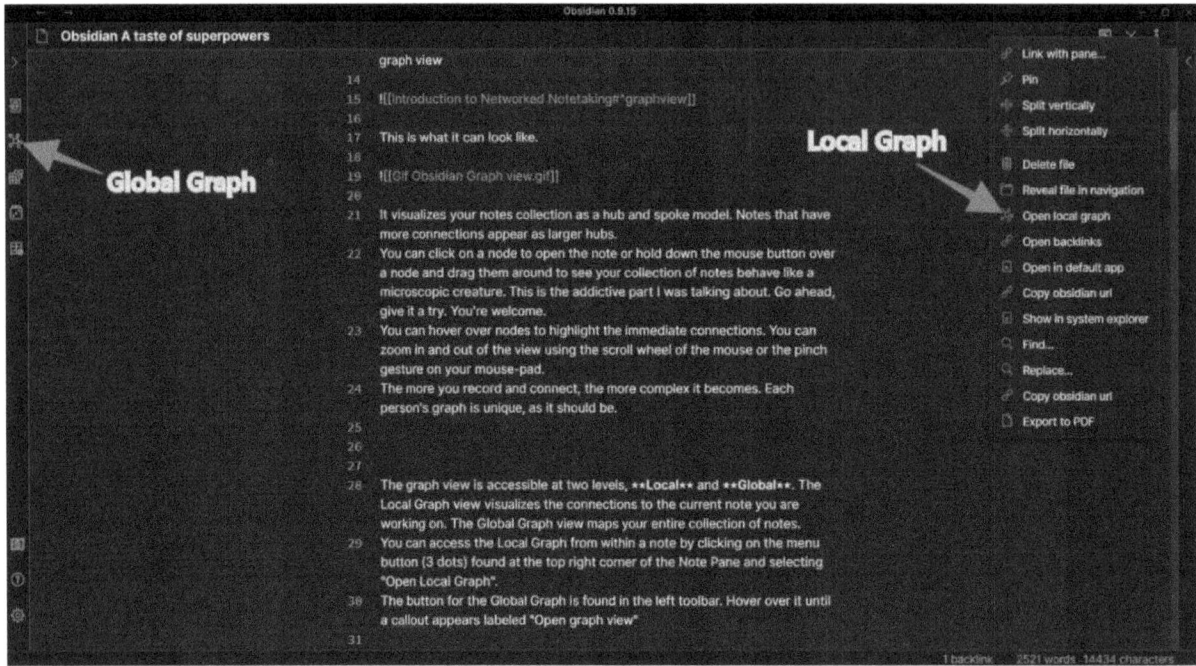

Alésage

L'affichage des graphiques vous permet de contrôler plus précisément votre annonce, que vous choisissiez l'option Local ou Global. Examinons ce qu'ils font et, plus important encore, comment vous pouvez tirer profit de leur utilisation.

Une fenêtre flottante d'options d'outils apparaît dans le coin supérieur gauche lorsque vous ouvrez la vue graphique. Obsidian version 0.9.11 a actuellement trois commandes principales : Forces, Display et Filters. Il s'agit de menus déroulants qui couvrent les contrôles correspondants. Voici comment procéder :

Filtre

Les filtres sont l'un des outils les plus efficaces pour obtenir des connaissances au sein de votre collection, car ils vous permettent de jouer sur la largeur et la profondeur des liens entre les notes.

L'option Filtre permet d'afficher quelques options différentes des vues Local et Global. Nous les aborderons toutes.

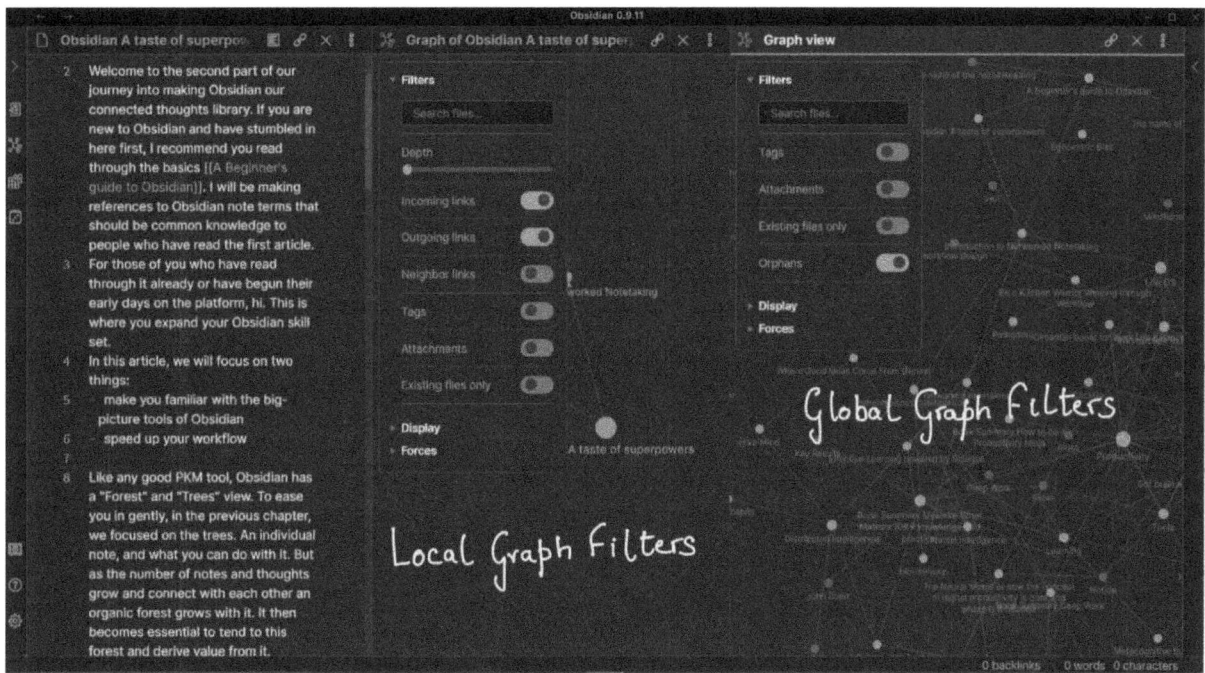

Filtres communs

Recherche

En haut du menu, vous trouverez l'option "Rechercher", qui vous permet de filtrer les notes contenant le terme recherché.

Il existe de nombreux autres cas d'utilisation ; un bon exemple est la recherche de mentions manquantes dans les notes, qui peuvent être ajoutées au cluster à l'aide de backlinks. Une autre suggestion serait la création de cartes de contenu par simple copier-coller.

Toggles standard

Les commutateurs généraux vous permettent d'afficher ou de masquer uniquement les tags, les pièces jointes et les fichiers existants. Cette dernière option exclut les notes vides ou les espaces réservés qui apparaissent lorsque vous créez un lien retour vers une note qui n'existe pas encore ou qui n'a pas de contenu.

Extras globaux de Graph

Orphelins

Ce bouton renvoie à des notes autonomes qui ne sont pas liées au reste de votre collection.

C'est une bonne occasion de les examiner. Décidez s'ils ont un lien qui doit être établi manuellement par des backlinks ou s'ils sont le début d'un nouveau nœud dans lequel des pensées et des idées apparentées doivent encore être enregistrées.

Extras locaux de Graph

Profondeur

Ce curseur vous permet de définir à quelle distance vous souhaitez être de votre note actuelle.

Si vous travaillez sur un article succinct sur un sujet étroit, vous ne dépasseriez pas le premier niveau de connexions. En revanche, si vous faites des recherches libres ou si vous êtes à la recherche d'idées, vous passerez au deuxième, troisième ou même quatrième niveau de connexions pour voir s'il y a des sujets connexes au loin qui stimulent votre cerveau.

Liens externes et internes

Ces boutons permettent d'afficher le type de lien entre les notes connectées. Combinez cela avec le bouton "Flèches" sous Paramètres d'affichage, et la relation sera plus claire.

Cela est utile, par exemple, lors de l'élaboration de sujets pour lesquels il existe un flux logique linéaire ou une relation de cause à effet entre les concepts.

Interliens

Cette fonction peut être activée afin de déterminer si les différents thèmes sont liés entre eux au sein du Local Graph.

Annonce

Comme son nom l'indique, cette collection d'outils vous permet de contrôler l'apparence de la visualisation.

Cela inclut le bouton "Flèches", qui indique la direction dans laquelle les notes sont liées. S'il s'agit de liaisons bidirectionnelles, vous verrez une double flèche.

La fonction "Valeur seuil pour le fondu enchaîné du texte" permet de contrôler la visibilité du texte lors d'un zoom avant ou arrière.

Les curseurs "Taille du nœud" et "Épaisseur de la connexion" sont des désignations évidentes et ne nécessitent qu'une légère expérimentation avant de décider ce qui correspond à vos besoins.

Forces

Force est une collection d'outils qui vous permet de contrôler la façon dont la visualisation se comporte comme un objet avec des propriétés physiques.

Il attribue la gravité et l'élasticité aux nœuds et aux maillons. Bien qu'il soit amusant de jouer avec, il pourrait être difficile d'obtenir une utilisation fonctionnelle pour eux maintenant.

Utilisation de YAML dans votre application Obsidian

YAML est un acronyme qui signifie "Yet another markup language". Il peut toutefois être utilisé pour ajouter des métadonnées à une note Obsidian. Ces données peuvent être des alias ou de simples balises. Comme YAML est caché dans les notes, vous pouvez ajouter de nombreuses informations dans le balisage sans surcharger vos notes.

Voici à quoi ressemble un YAML dans une note Obsidian :

---

alias : [Top 10 des plans d'Obsidian, pourquoi Obsidian est le meilleur]

tags : [note,image]

Si vous avez correctement inséré le fichier YAML dans vos notes, les tirets changent de couleur (par défaut, ils sont verts).

Obsidian accepte par défaut les fichiers YAML ci-dessous, dans cet ordre :

alias \tags \cssclass

D'autres métadonnées YAML peuvent être ajoutées, mais Obsidian ne les prend pas en charge nativement. Cela peut néanmoins être utile si vous utilisez des plug-ins comme Dataview.

Comment intégrer des pages dans Obsidian ?

Si vous utilisez Obsidian, vous comprendrez qu'il est vraiment important d'avoir une fonction comme l'incorporation de pages, car elle contribue à organiser les idées avec la bonne connexion, en vous aidant à voir toutes les pages en une seule. Cela signifie qu'une fois que le contenu est mis à jour sur la page d'origine, il est également mis à jour partout où il est intégré.

Vous pouvez créer des liens vers d'autres pages ou blocs autour de l'application Obsidian. Et vous pouvez même avoir d'autres applications uniques.

Si vous souhaitez créer un lien vers une seule page, utilisez la :

![[Nom de la page]]

Si vous ne souhaitez intégrer qu'un seul paragraphe, vous pouvez utiliser la même syntaxe, mais vous devez insérer le symbole "^" après le nom de la page :

![[Nom de la page^Bloc à lier]]

Vous pouvez également créer des liens vers les titres et les contenus qu'ils contiennent. Pour cela, saisissez :

![[Nom de la page#Titre à lier]]

Interrogation et recherche

Vous pouvez utiliser des requêtes pour rechercher dans votre Vault plusieurs notes qui répondent à un besoin spécifique. Cela est utile si vous souhaitez créer un nœud pour des notes spécifiques. Vous pourriez, par exemple, attribuer des balises à toutes les notes provenant de vidéos, puis interroger votre vault pour n'afficher que les notes d'un auteur particulier :

Si j'importe la syntaxe suivante dans mon coffre-fort, des notes s'affichent pour les images créées par Ben Jonas

```
"Requête

#Photos + Ben Jonas

```
```

Recherche

Si vous souhaitez rechercher des notes antérieures dans votre coffre-fort, vous pouvez également le faire en suivant les étapes ci-dessous.

Sur le clavier, utilisez les combinaisons de touches Ctrl+Maj+F pour Windows ou Cmd+Maj+F pour Mac. Vous pouvez également sélectionner l'onglet "Explorateur de fichiers" et cliquer sur le bouton "Rechercher" dans le coin supérieur gauche.
```

Liens, balises et backlinks

L'un des points forts d'Obsidian est sa puissante implémentation des liens. La manière la plus simple de créer un lien dans Obsidian est le lien wiki. Il s'agit d'un lien en texte vers une autre page de votre collection Obsidian. Vous pouvez le faire en utilisant des crochets comme suit : [[Lien de page]]

Vous pouvez également créer un lien vers des blocs spécifiques en insérant un symbole "^" après le nom de votre page, comme ceci : [[Lien de page^Bloc à lier]]. Lorsque vous faites cela, Obsidian affiche un menu contextuel qui vous aide à choisir le bon bloc dans votre document. Vous pouvez faire un lien vers d'autres pages de votre dépôt Obsidian, ou vous pouvez utiliser ceci pour faire un lien vers des blocs du document en cours. Cela vous aidera à créer le contenu de pages pour des documents volumineux.

Vous pouvez également créer un lien vers un titre spécifique en utilisant ce [[Lien de page#Le titre]]. Vous pouvez toutefois insérer un simple lien à chaque niveau, qui affichera un aperçu lorsque vous passerez le curseur de la souris dessus. Vous pouvez également intégrer le lien en le faisant précéder d'un " !" et ajouter ainsi l'extrait correspondant à votre note existante.

Nous savons déjà comment créer de nouvelles notes à l'aide d'un raccourci, mais vous pouvez également créer de nouvelles notes :

- Backlinks vers des titres spécifiques au sein d'un document donné
- Liens retour vers d'autres documents
- Liens externes

Ces syntaxes de liaison sont introduites en mode édition. Cependant, le mode Aperçu montre comment ils apparaîtront dans votre note.

Liens internes

Lorsque vous commencez une nouvelle note et que vous mettez son titre entre doubles parenthèses, vous pouvez créer un lien vers une note précédente. Cependant, l'un des super pouvoirs d'Obsidian vous permet de créer des liens vers des notes qui n'existent pas encore. Si une note portant ce nom n'existe pas encore, si vous essayez d'ouvrir une phrase entourée de doubles parenthèses, Obsidian la créera.

Obsidian fonctionne exactement comme n'importe quel autre programme de prise de notes, mais il vous permet aussi de lier vos notes à l'équivalent de wikiliens en les entourant de doubles crochets.

Vous pouvez utiliser des alias pour modifier l'apparence des liens dans l'aperçu d'une note. Pour ce faire, insérez le signe pipe (|) directement après le lien, suivi du texte alternatif.

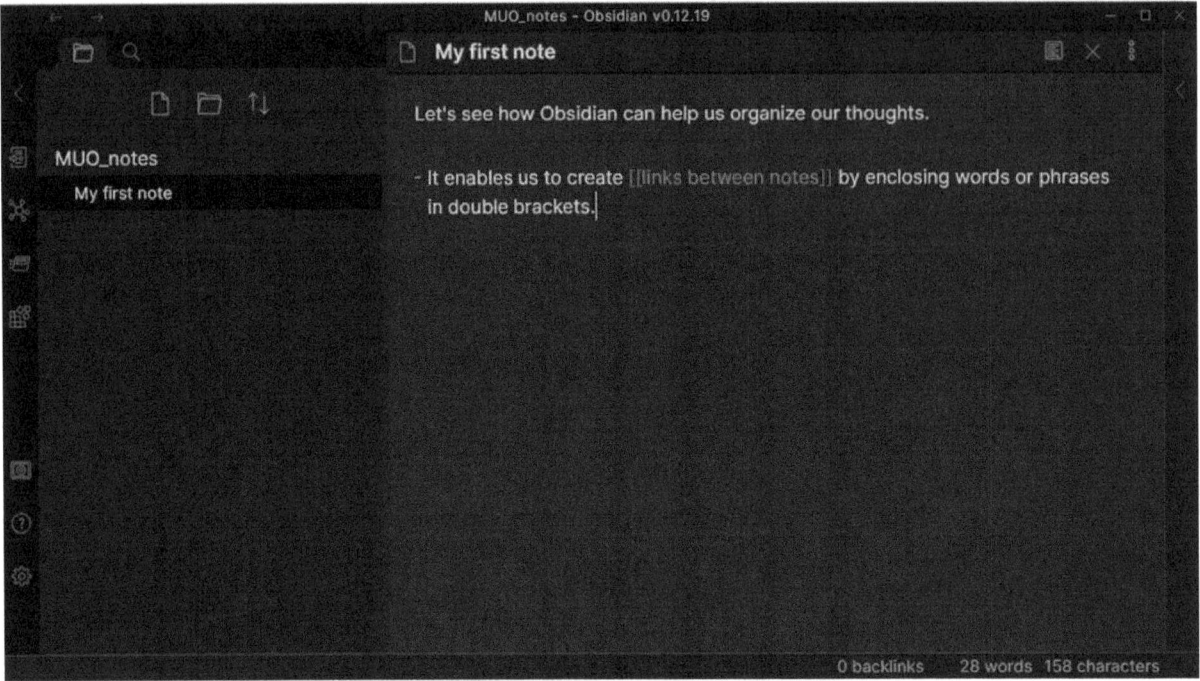

Pour mettre en forme vos notes avec des titres, des citations et d'autres éléments, profitez du support complet de la syntaxe Markdown d'Obsidian. La combinaison de touches normale CTRL + E vous permet de passer à tout moment du mode édition au mode prévisualisation.

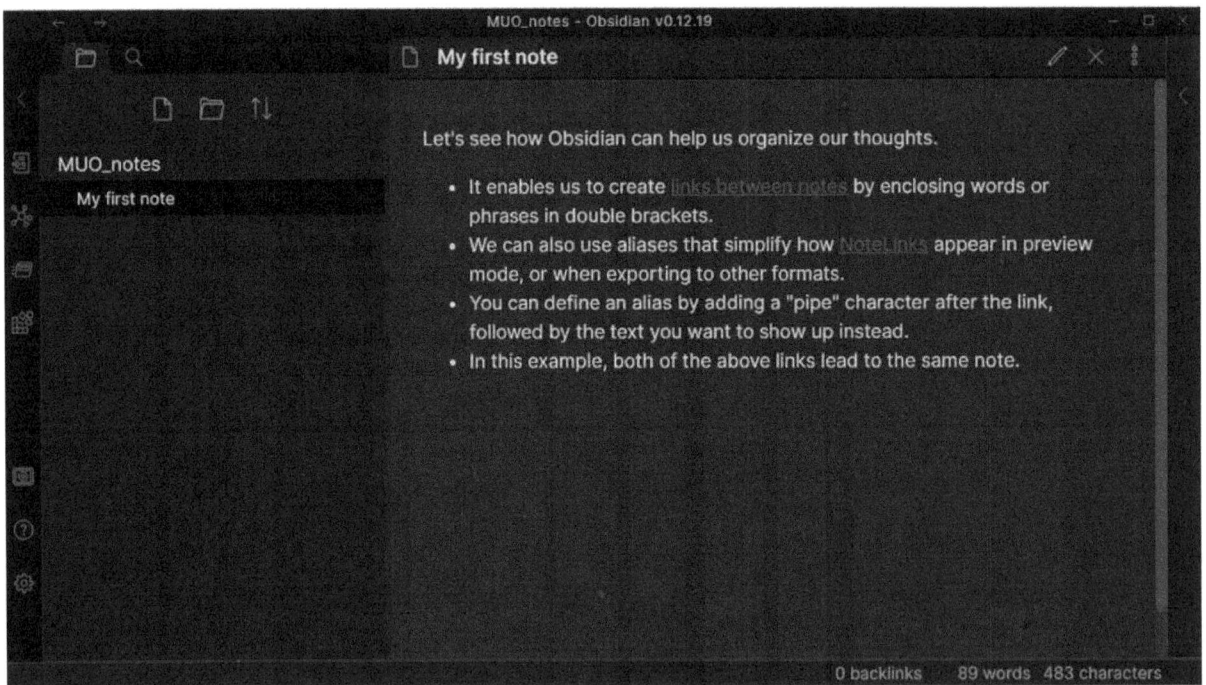

Cela est particulièrement utile si vous souhaitez voir un échantillon de votre note dans Office, Google Docs ou même WordPress après l'avoir exportée.

Liens retour

Les backlinks sont des liens entre des notes qui mènent à d'autres notes dans votre Vault. Lorsque vous créez un lien vers d'autres notes, tous les liens qui renvoient à la note active sont affichés dans la fenêtre "Backlinks" dans la barre latérale droite.

Le fait qu'Obsidian puisse identifier des occurrences du nom d'une note, même s'il ne s'agit pas de liens réels, est une autre fonctionnalité fantastique. Dans la fenêtre Backlinks, vous pouvez rechercher tout ce qui a un rapport avec la note active. Les backlinks sont importants pour deux raisons :

- Accès facile à des contenus pertinents
- Graphiques de connaissances pour visualiser les liens entre les notes

Cependant, vous trouverez ci-dessous une explication sur la manière de placer des backlinks dans Obsidian.

Étape 1 : Ouvrez la note dans laquelle vous souhaitez créer le backlink.

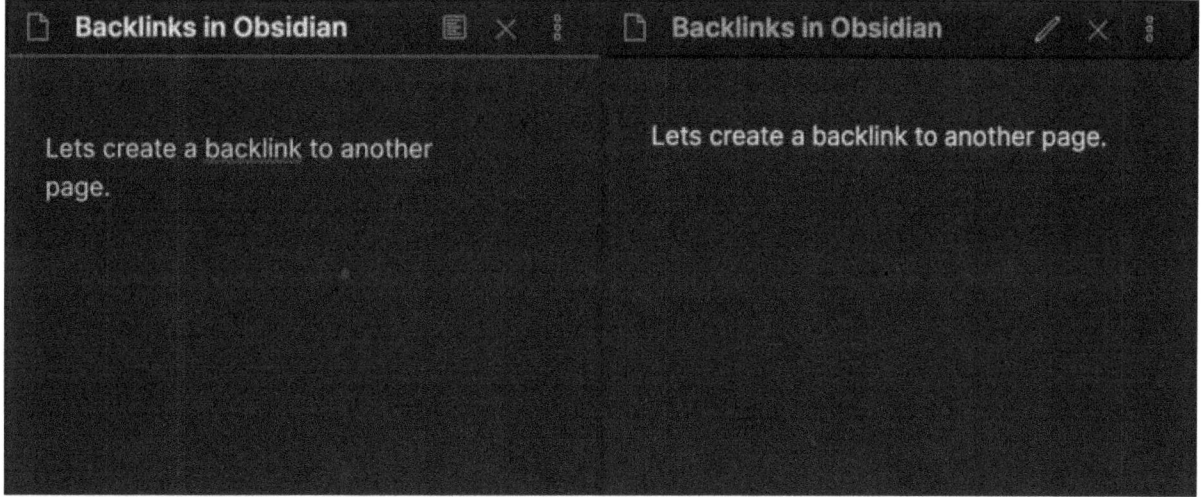

Étape 2 : Saisissez deux accolades pour ouvrir le sélecteur de notes et choisissez votre note dans la liste.

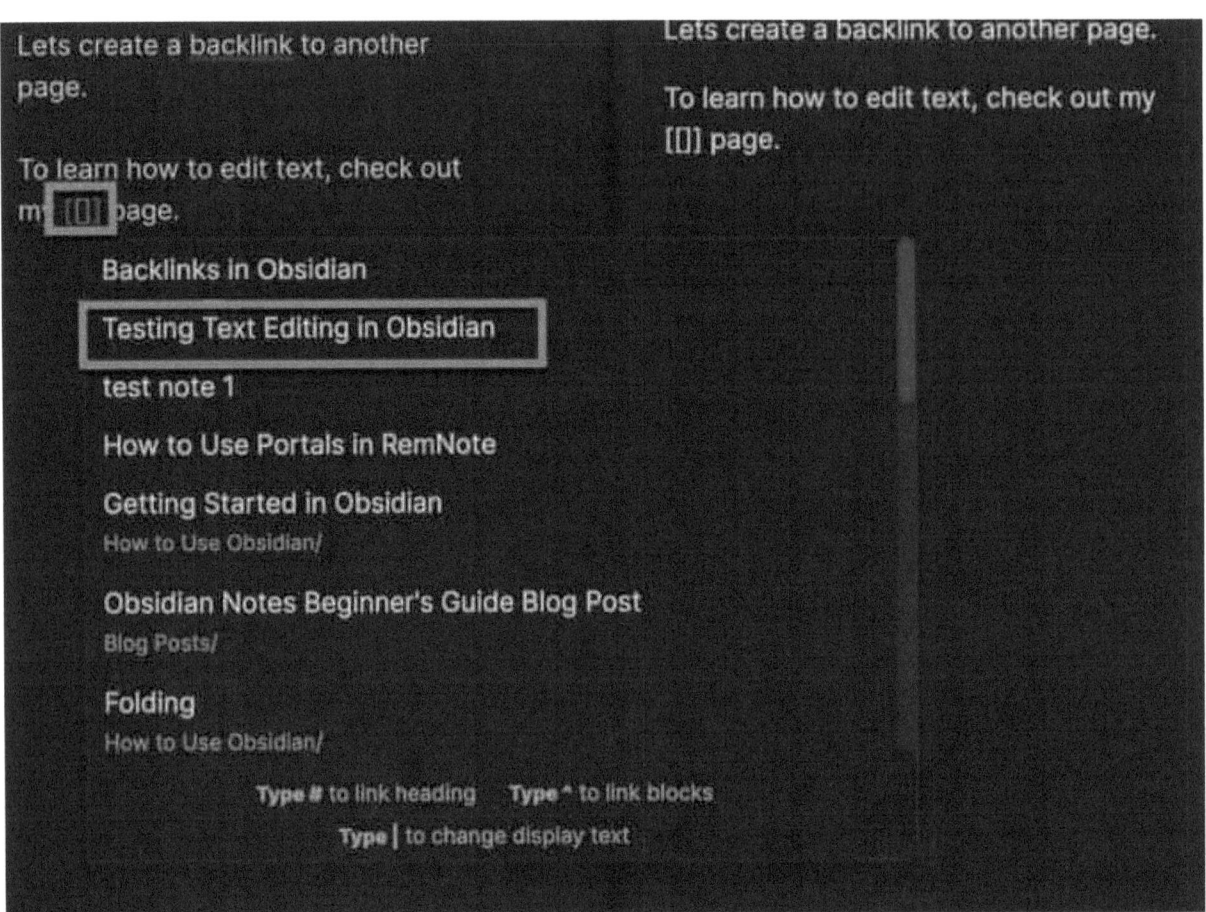

Étape 3 : Votre backlink est maintenant créé

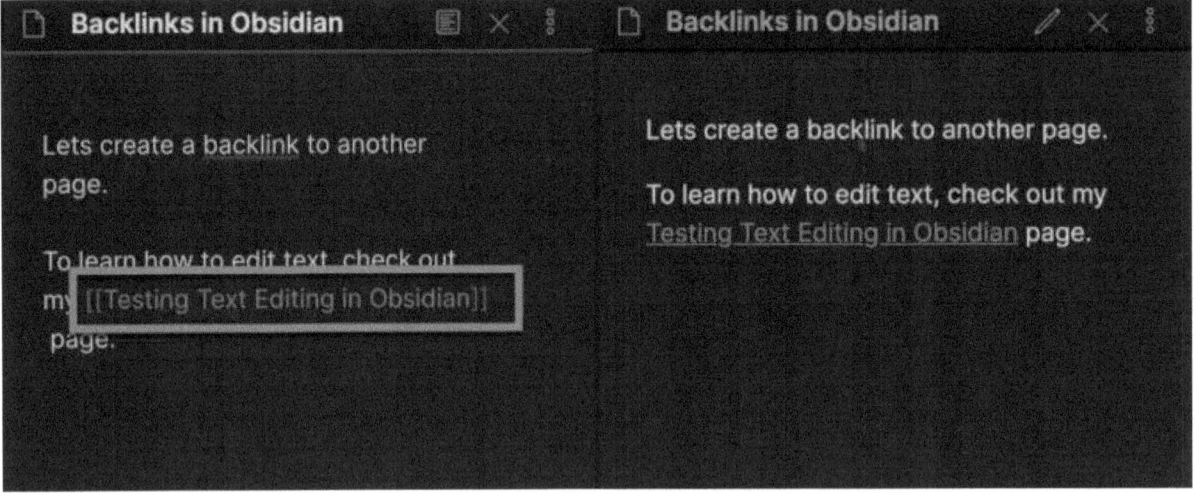

Mais que faire si vous voulez créer un lien vers une section spécifique d'une autre note ? Obsidian le permet aussi.

Tags

Vous pouvez également utiliser des tags pour organiser vos notes. Mais contrairement à la plupart des solutions de prise de notes, Obsidian adopte l'approche Twitter : vous pouvez saisir vos tags où vous le souhaitez.

Certains préfèrent insérer leurs balises séparément du "texte principal", sur une seule ligne. D'autres trouvent plus "organique" de les intégrer dans le texte.

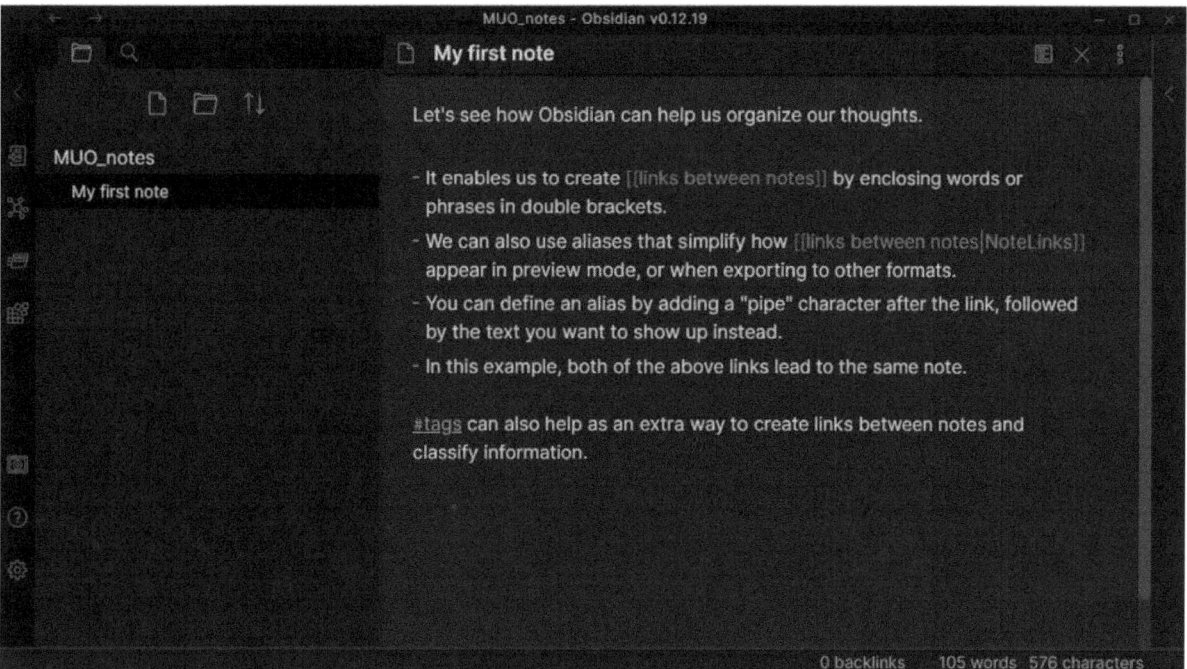

Par conséquent, les deux approches suivantes sont valables :

#muo #note #obsidian

C'est ma première #note en #Obsidian, merci #muo !

Numérisation de documents dans Obsidian

Auparavant, nous avons parlé de l'importation et de l'incorporation de fichiers ; dans cette section, nous allons voir comment numériser des documents et les utiliser dans votre application Obsidian. Pour cet exercice, nous utiliserons le ScanSnap S1300i Fujitsu. Cette procédure est compatible avec la plupart des applications de numérisation récentes ; elle vous permet toutefois de numériser directement vers un coffre-fort. Les procédures d'activation du processus sont décrites ci-dessous :

Étape 1 : Adapter la configuration

Tout d'abord, vous devez adapter la configuration de l'application pour pouvoir scanner le dossier. Pour ce faire, consultez la capture d'écran :

Étape 2 : Enregistrer

Configurez le scanner pour qu'il enregistre directement dans le dossier "_attachments". Ce dossier doit avoir été créé dans le vault d'Obsidian.

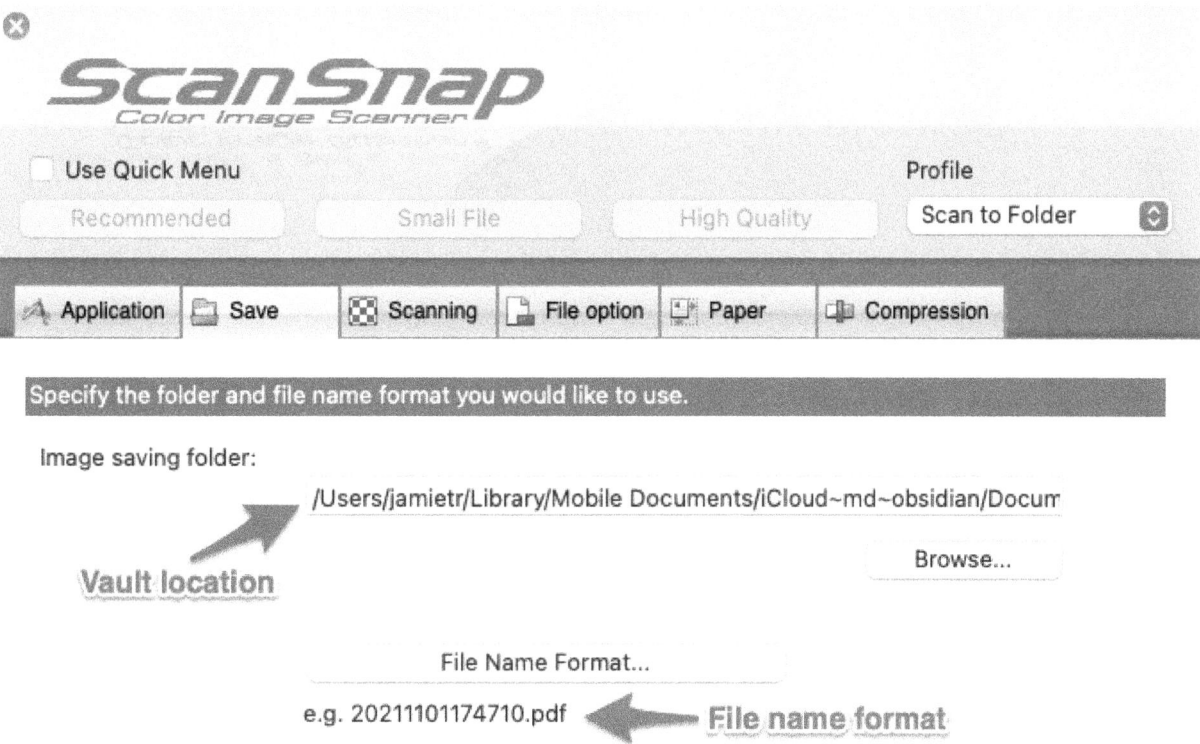

Choisissez ensuite le format pour le nom du fichier, et sélectionnez le format aaaammjjhmmss. Le format "boîte à fiches" est généralement parfait pour préfixer les noms de notes. Si vous faites souvent des recherches par date ou si vous pensez que les recherches par date sont les plus appropriées pour identifier votre fichier brut dans Obsidian, vous devrez peut-être choisir cette méthode.

Étape 3 : Sélectionner les options de fichier

Remarque : Le scanner règle automatiquement le format de fichier sur PDF, mais vous pouvez sélectionner une option de fichier préférée dans la section Format de fichier. Sélectionnez la liste de contrôle Convertir en PDF avec fonction de recherche.

Actuellement, Obsidian ne supporte pas la recherche de PDF, mais il est possible que cette mise à jour soit disponible très bientôt, au moins sous forme de plug-in communautaire, même si elle ne fait pas partie du noyau des plug-ins.

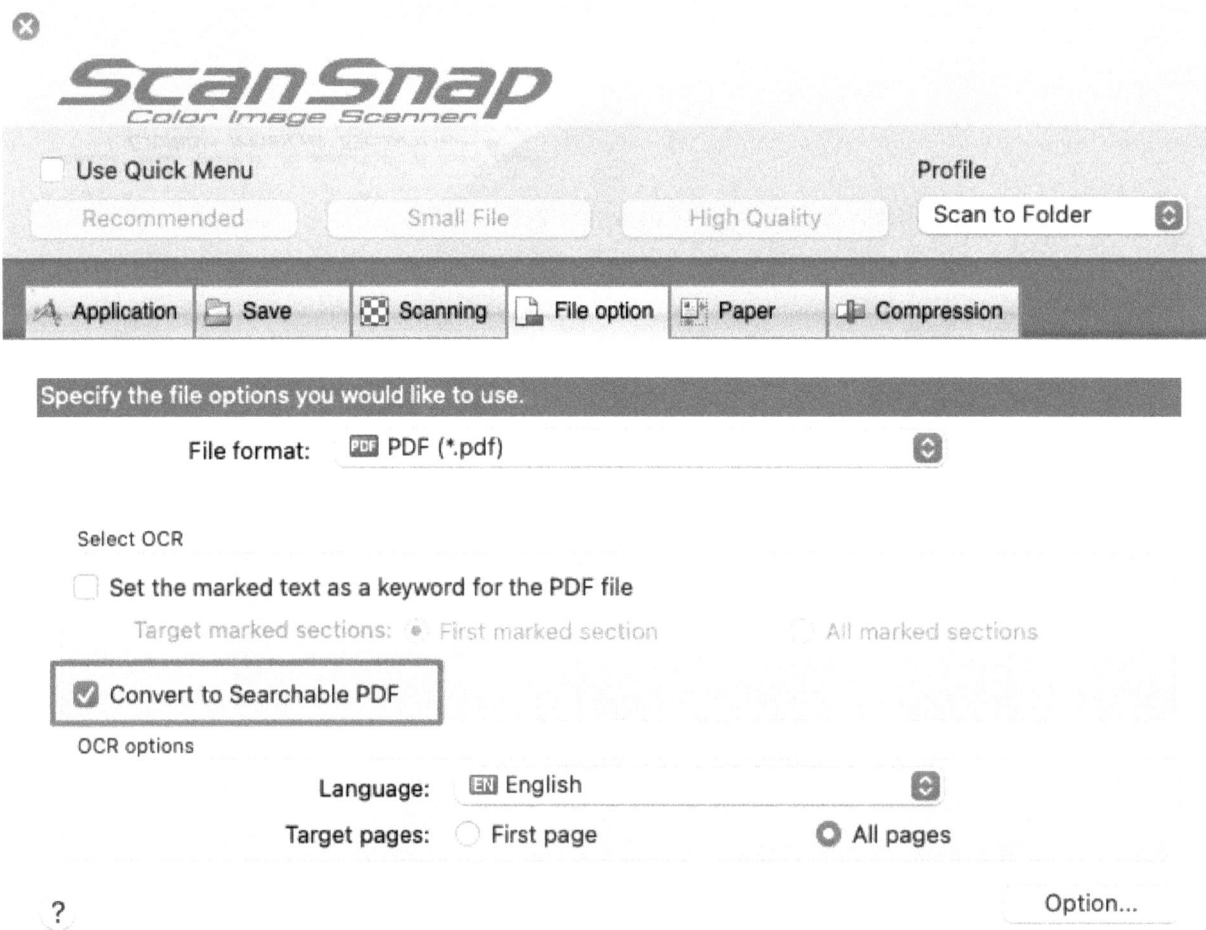

Une fois ces réglages effectués, placez le document sur le scanner et appuyez sur le bouton bleu de numérisation pour le numériser dans Obsidian. Le fichier PDF est automatiquement enregistré dans le dossier _attachments de my Vault après la numérisation du document.

Etape 4 : Prendre des notes sur le fichier PDF

À ce stade, vous pouvez

Donnez au fichier PDF un nom pratique que vous pourrez facilement retrouver dans le Vault.

Pour "inclure" le PDF, vous pouvez créer une note structurée dans Obsidian. Vous pouvez ainsi lier la note au fichier PDF en utilisant les métadonnées (balises, etc.) de la note. Il est ainsi facile de faire référence au document contenant la note préparée, qui contient un lien vers le fichier PDF inclus dans la note.

Ci-dessous, la carte d'immunisation Covid-19 de Jamie Todd. Le fichier contient une note structurée liée au fichier PDF numérisé. Cependant, la capture d'écran montre comment le fichier PDF est affiché à la fois en mode aperçu et en mode édition :

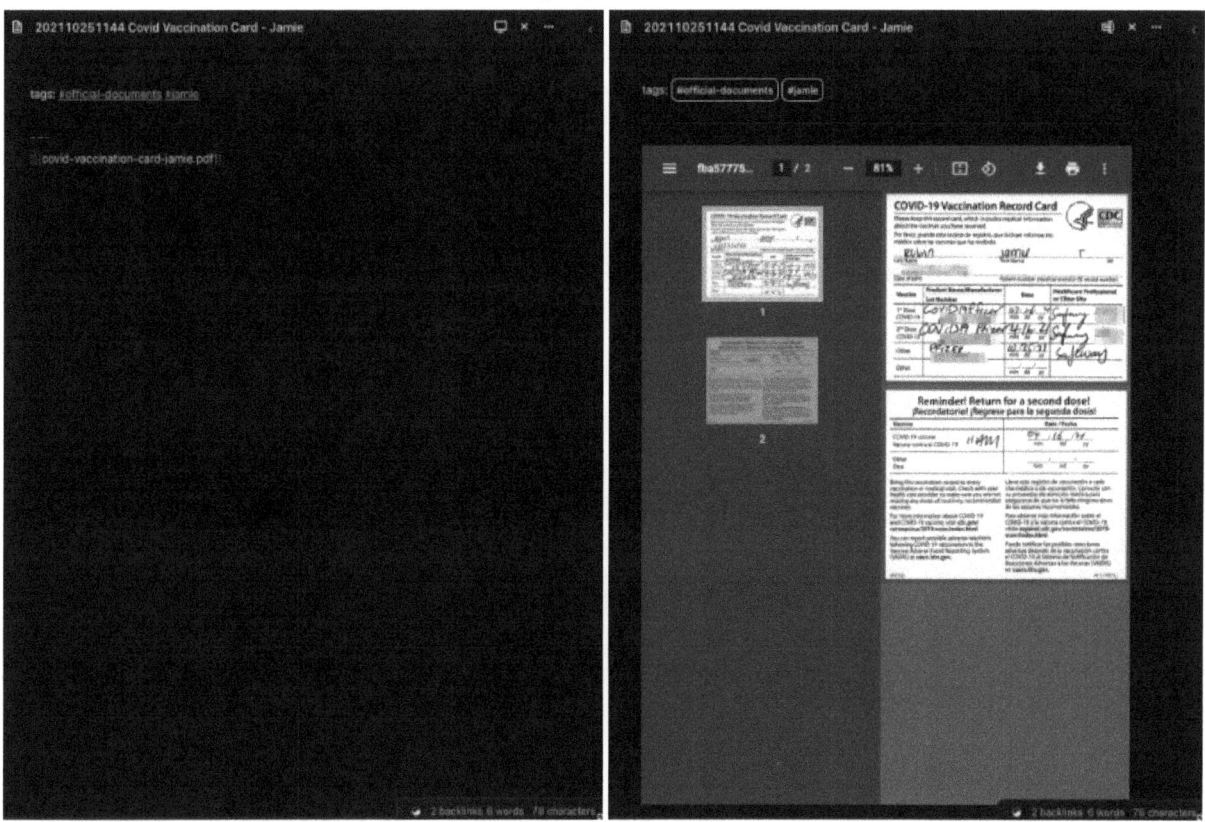

Inclure le papier numérisé dans une note structurée peut sembler inutile, mais cela vous permet d'ajouter au document des balises et d'autres composants que vous ne pourriez pas ajouter à un simple fichier PDF.

Comment sauvegarder vos idées et vos notes dans Obsidian

Lorsque l'on travaille avec des données, la sécurité est un facteur essentiel dont il faut tenir compte. C'est pourquoi nous travaillons avec un principe de pelure d'oignon pour sécuriser vos fichiers Obsidian. Cependant, chaque pour a aussi son contre ; chaque technique prise séparément n'est pas idéale. Ensemble, elles offrent toutefois un niveau élevé de sécurité et de confort, de sorte que vous n'avez plus à vous soucier de rien.

C'est dans cet esprit que nous exprimerons ces couches de sécurité des données dans Obsidian : Le cryptage des données, l'accès numérique et l'accès physique. Le diagramme ci-dessous montre un système de ce à quoi ressemble l'approche en oignon de la sécurité des données. Nous souhaitons toutefois commencer par l'accès physique.

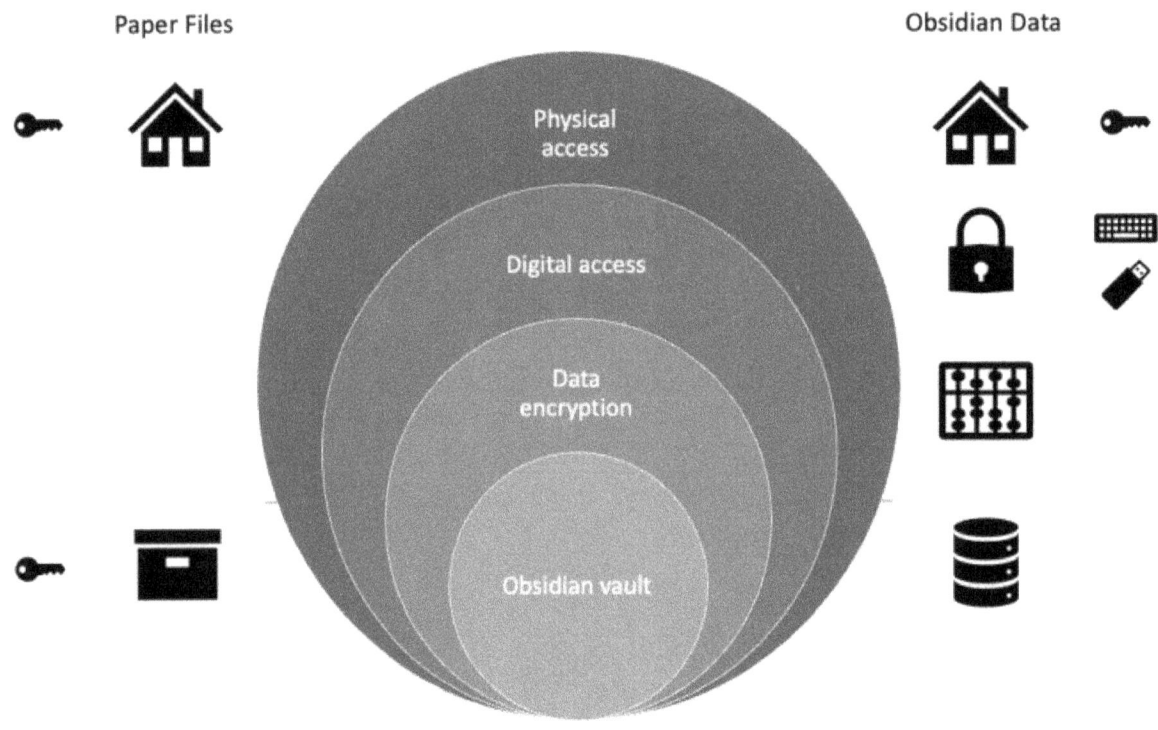

Sécuriser l'accès physique aux données d'Obsidian

L'un des principaux arguments est que les données d'Obsidian sont enregistrées localement par défaut. Cela signifie que toutes vos notes sont parfaitement stockées sur votre ordinateur portable, votre ordinateur de bureau ou votre téléphone mobile, au bureau ou à la maison.

Si quelqu'un a besoin d'accéder à votre ordinateur, il doit aussi avoir accès à votre bureau ou à votre téléphone ; il doit d'abord entrer dans votre maison ou votre bureau. Et cela uniquement avec votre autorisation physique. Le niveau de "l'accès physique" dans le graphique ci-dessus sert d'illustration. La résidence à droite représente l'accès physique à vos données Obsidian.

L'accès physique à vos notes est actuellement le même dans les deux cas. Pour accéder à votre ordinateur portable ou à votre téléphone, quelqu'un de chez vous doit y avoir accès. Mais on entend parfois des arguments contre le stockage numérique de certains types de données. C'est tout à fait logique. Chacun doit décider pour lui-même à quel point il trouve cela confortable. Toutefois, les données stockées localement sont presque identiques à une note sur un bloc-notes, car vous avez le contrôle à 100 % sur la sécurité (sécurité physique).

Il peut y avoir plusieurs niveaux de sécurité physique en soi et pour soi.

1. Mise en place d'une serrure difficile d'accès sur la porte du bureau
2. Installez une bonne serrure pour la porte d'entrée
3. Pour une sécurité supplémentaire, mettre en place un système d'alarme (tout cela pour des informations sensibles).

Bien avant Obsidian, lorsque la plupart des fichiers étaient conservés sur papier et dans un classeur, la plupart des gens n'avaient pas à se soucier de la sécurité des données. C'est ce qui fait d'Obsidian l'une des meilleures options, car vos données sont stockées localement sur votre ordinateur. Cette approche offre presque le même niveau de sécurité que l'option physique.

Sécuriser l'accès aux données numériques d'Obsidian

Mais supposons que quelqu'un puisse franchir la barrière de sécurité physique et s'asseoir devant un ordinateur ou un lecteur flash sur lequel est stocké le coffre-fort. L'accès numérique à vos données Obsidian serait protégé par la deuxième couche de l'oignon, qui continue maintenant d'exister.

Pour pouvoir accéder aux notes d'Obsidian, une personne devrait d'abord pouvoir se connecter au lecteur flash à l'aide d'un mot de passe donnant accès à la chambre forte. Cela signifie en substance qu'un mot de passe est nécessaire pour se connecter à un ordinateur. Il est préférable d'avoir un mot de passe différent pour chaque compte. Un mot de passe ne peut être utilisé que pour accéder à un appareil ou à un service spécifique. Pour faciliter la mémorisation du mot de passe, vous pouvez utiliser un gestionnaire de mots de passe ou simplement essayer de longs mots de passe combinant chiffres, caractères et alphabet.

Supposons pour notre exercice que l'intrus parvienne à craquer le mot de passe de votre ordinateur, qui est compliqué et unique. Que se passe-t-il alors ? L'accès numérique peut être constitué de différents éléments, tout comme l'accès physique (clés, alarmes, etc.). Le mieux est de mettre en place une authentification à deux facteurs en plus d'un mot de passe fort et unique. Plus d'un mot de passe est nécessaire pour accéder à l'ordinateur. Il est nécessaire d'utiliser le deuxième type de vérification. L'authentification multi-facteurs peut prendre de nombreuses formes, y compris des données biométriques, des outils d'authentification, des messages texte envoyés à d'autres appareils et des appareils totalement autonomes comme les YubiKeys.

Cela ne vaut vraiment pas la peine de s'inquiéter de savoir si quelqu'un parviendra à contourner l'authentification à deux facteurs, à compromettre ma sécurité physique et à découvrir le mot de passe. Imaginez que vous conserviez vos notes sur papier et dans un carnet, comme le montre l'illustration de gauche. Dans cette situation, le niveau d'accès numérique du bulbe de sécurité est absent. Comparons donc ce qu'il faut pour retrouver vos notes en Obsidian dans la valise et sur papier :

Site	Papier	Obsidian
Physique	1. accès à la maison (clé, code d'alarme, etc.) 2. entrée dans le bureau 3. utilisation du carnet de notes (clé ?)	1. accès à la maison (clé, code d'alarme, etc.) 2. accessibilité du bureau
Numérique	Pas de	1. attention au système complexe de mots de passe 2. obtenir l'accès à votre méthode d'authentification de sauvegarde

L'accès à vos données serait plus facile si elles étaient conservées sous forme papier sur votre lieu de travail et non dans Obsidian, où le Vault est stocké localement sur votre ordinateur.

Codage des données

Supposons que notre méchant en colère décide tout simplement d'emporter mon ordinateur après avoir réussi à s'introduire sur votre lieu de travail, mais qu'il ne parvienne pas à franchir la protection numérique de l'appareil pour accéder aux données du disque dur, en les installant éventuellement sur un autre appareil. La situation commence à paraître ridicule, mais restons-en à l'essentiel.

Vous pouvez crypter votre disque dur avec FileVault. S'il est disponible, il est intégré à MasOS, avec une clé de 256 bits et un cryptage AES de 128 bits. Jusqu'à ce que l'autorisation appropriée soit accordée, les données sur le disque dur en mode veille sont cryptées ; ensuite, les données sont décryptées. Dans ce contexte, l'"autorisation appropriée" fait référence à l'accès requis au paragraphe 2. Il n'existe aucune possibilité réaliste de décrypter les données sans mot de passe et sans authentification légitime par un autre authentificateur. L'ordinateur serait inutile à celui qui le possède jusqu'à ce qu'il efface le lecteur, auquel cas il n'aurait plus accès aux données.

Ensemble, ces trois couches d'oignons forment un tout. Si vous parvenez à mettre en place ces trois processus, il est évident que vous bénéficierez d'un certain confort pendant que vous vous concentrez sur la création de notes de qualité. Certes, la possibilité d'une infraction existe, mais elle est si peu probable que vous n'avez pas à vous en inquiéter.

Synchronisation des notes et sécurité dans le cloud

Mais qu'en est-il si je veux accéder à mes notes à partir de différents appareils ?

Y a-t-il une possibilité que quelqu'un puisse accéder à mes données basées sur le cloud ?

La meilleure façon de procéder est de synchroniser vos fichiers et vos notes. Vous aurez ainsi un accès pratique à différents appareils.

Pour une performance optimale, il est préférable d'utiliser le service de synchronisation proposé par Obsidian. Il vous suffit de mettre en place un service de synchronisation rapide et fiable et vous n'aurez plus jamais à vous en soucier.

Obsidian Sync dispose de deux modèles de cryptage :

- Chiffrement contrôlé
- Cryptage de bout en bout.

Il est préférable d'utiliser un cryptage de bout en bout, car il offre un parfait anonymat. Pour cela, les données sont cryptées avant d'être transportées vers et depuis le service de synchronisation d'Obsidian, même si elles sont déjà cryptées sur votre disque dur. Sur les serveurs d'Obsidian, elles sont également cryptées. La meilleure partie est que vous avez accès aux données. Le mot de passe de cryptage n'est connu de personne, pas même des développeurs. L'inconvénient, cependant, est que si vous oubliez votre mot de passe, vous ne serez pas en mesure d'accéder au vault sur le service Obsidian Sync.

Même si les données sont stockées dans Obsidian Sync, les trois couches de mon oignon de sécurité s'appliquent. Il faudrait un accès physique au serveur sur lequel les données sont stockées. Il faudrait un mot de passe pour décrypter les données du serveur et un accès numérique à ces données.

Comment sauvegarder Obsidian sur les appareils mobiles

Les appareils mobiles sont les plus vénérables de tous les points d'accès de sécurité, en particulier pour la sécurité physique, car ils peuvent très facilement être perdus. On peut les oublier à un endroit ou même se les faire voler sans même s'en rendre compte.

Mais même dans ce cas, nous pouvons utiliser les autres niveaux. Pour que quelqu'un puisse accéder aux données de votre téléphone, il a généralement besoin d'un accès direct. De plus, l'accès direct à la mémoire fixe est inutile puisque les données de l'iPhone sont cryptées. En outre, le téléphone est sécurisé de telle sorte qu'après un certain nombre de tentatives de connexion infructueuses, les données sont effacées, de sorte que le téléphone est sans valeur pour quiconque le cherche. Si le téléphone vous manque et qu'il est allumé et peut entrer en contact avec un réseau mobile, vous pouvez également effacer les données à distance.

Conseils de sécurité supplémentaires

La protection des données ne consiste pas seulement à limiter les accès illégaux. Elle garantit aussi que vous y aurez accès quand vous en aurez besoin. Vous trouverez ci-dessous quelques mesures supplémentaires pour protéger vos informations importantes (y compris le vault d'Obsidian).

Essayer un VPN

Il est important de toujours être conscient de la sécurité ; il ne suffit pas de partir du principe que personne ne regarde. Ainsi, lorsque vous surfez sur un réseau WLAN privé ou public, assurez-vous d'utiliser un VPN si vous avez des informations importantes sur votre téléphone, afin de garantir la protection des données. De cette manière, vous n'aurez plus à vous soucier que quelqu'un espionne votre réseau à votre insu. Grâce au service VPN, les données sont protégées du début à la fin, dès qu'elles quittent votre appareil.

Archivage des données

Cela implique de sauvegarder fréquemment vos données. Pas seulement sur vos appareils, mais aussi dans le cloud. Vous devez sauvegarder vos données en permanence sur vos ordinateurs. Timemachine pourrait être une bonne option pour les sauvegarder sur un disque dur externe, afin que vous puissiez les restaurer rapidement en cas de retard ou d'erreur.

Bonnes pratiques

Tout comme les bonnes pratiques sont importantes pour réussir à utiliser n'importe quel système, il est également important de mettre en pratique certaines des idées suivantes si vous voulez vraiment tirer le meilleur parti de votre "**deuxième cerveau**" :

Enregistrer souvent

Plus le son est fort, plus il est facile. La clé du succès lors de l'utilisation d'une Obsidian réside donc dans le volume. Nous créons des idées qui ne surgissent pas de nulle part. Cela signifie que votre Obsidian sera d'autant plus utile que la quantité et les connexions de vos notes seront importantes. Donc, pour utiliser efficacement la puissance de votre deuxième cerveau, il est important d'enregistrer le plus souvent possible.

Vérification méticuleuse

Recherchez les "mentions non liées". "Il se peut que vous ayez mentionné par inadvertance des notes existantes que vous n'avez pas encore reliées ou examinées au fur et à mesure que votre stock de notes s'accroît. L'algorithme d'Obsidian les classe toutefois comme des mentions non liées. Vous pouvez garder cela à l'esprit et vous assurer de ne pas manquer ce moment "aha" en programmant une recherche de "mentions non liées". "

Activez la fonction "Note aléatoire" en cliquant sur le symbole du cube dans la barre d'outils de gauche. Cela génère des notes aléatoires. Cela incite à réfléchir à des concepts oubliés depuis longtemps et inspire des découvertes aléatoires.

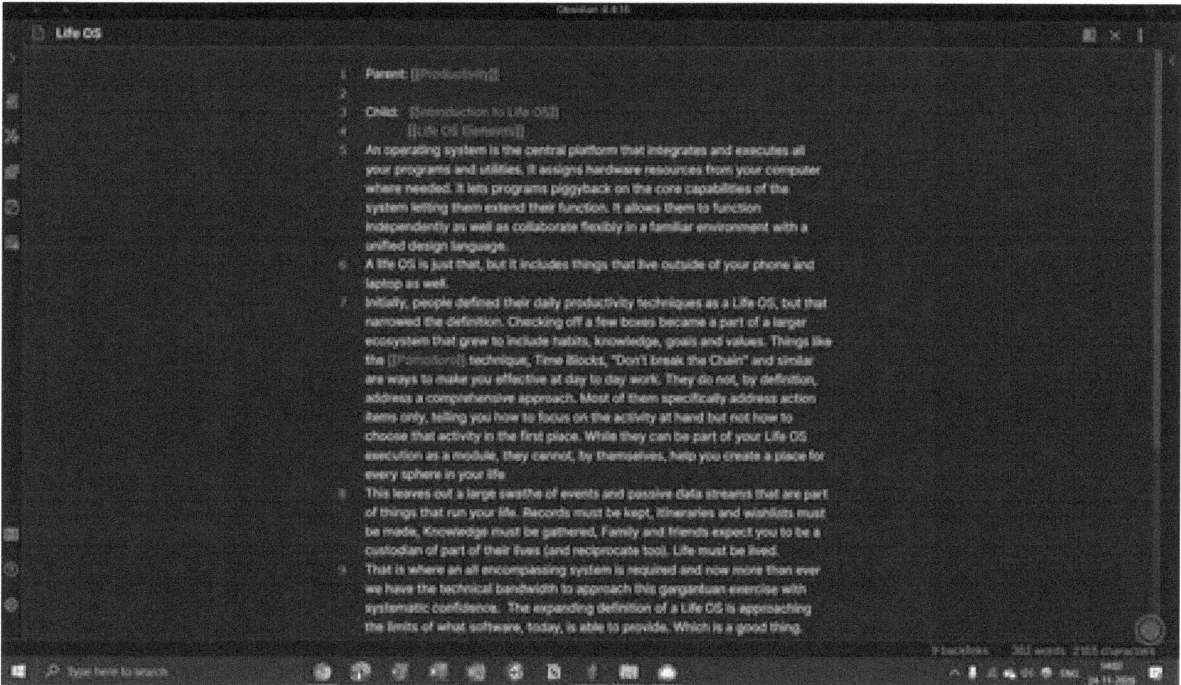

Conclusion

Comprendre et utiliser le pouvoir de l'Obsidian est un élément essentiel de cette pièce, et de toute évidence, c'est un outil étonnant pour créer un bon lien entre les idées tout en les mettant en pratique.

Maintenant que vous savez ce qu'est Obsidian, vous pouvez voir pourquoi vous voulez l'utiliser pour créer votre bibliothèque d'idées connexes, car vous êtes maintenant plus familier avec l'interface utilisateur. Vous savez également comment prendre votre première note et établir vos premiers contacts.

Obsidian n'a plus de secret pour vous. Vous avez maintenant tout ce dont vous avez besoin pour dominer le monde aujourd'hui avec votre deuxième cerveau public, entièrement gratuitement. Tout ce qui reste à faire, c'est d'implémenter ces processus dans votre vie quotidienne, et vous voilà en route pour la lune ; tout dépend de vous et de la façon dont vous synchronisez votre routine avec l'application Obsidian pour aider à tout moment.